Max` abenteuerliche Reise zum Ich

Eine kurze weite Reise

Renier-Fréduman Mundil

AF200686

Renier-Fréduman Mundil

Max' abenteuerliche Reise zum Ich

Eine kurze weite Reise

Jugendbuch

Impressum

Bibliografische Information der Deutschen Nationalbibliothek:
Die Deutsche Nationalbibliothek verzeichnet diese Publikation in der Deutschen Nationalbibliografie; detaillierte bibliografische Daten sind im Internet über http://dnb.dnb.de abrufbar.

Herstellung und Verlag: BoD – Books on Demand, Norderstedt

ISBN: 978-3-749422326

Kurzbiographie

Renier-Fréduman Mundil (Pseudonym) ist seit vier Jahrzehnten Arzt. Ein Beruf, der es mit sich bringt, Menschen in den unterschiedlichsten Lebenssituationen kennenzulernen, darunter nicht nur einen Jungen namens Max. Er ist seit 42 Jahren verheiratet, mit seiner Frau und 24 Kindern (nicht wundern, es sind 4 eigene, 4 Schwiegerkinder und 16 Enkelkinder). Während der letzten Jahrzehnte hat er einige Manuskripte verfasst (u.a. Kinder- und Jugendbücher, Kurzgeschichten, Romane und nicht wenige Gedichte), die nach einer langen „Austragungszeit" jetzt als Buch endlich bzw. gewissermaßen zum zweiten Mal das Licht der Welt erblicken und nach vielen Jahren plötzlich vor einer völlig anderen Welt stehen. Einer völlig anderen und doch irgendwo derselben Welt, mit denselben alten Problemen, die sich in der abgelaufenen Zwischenzeit nur anderes gekleidet haben.

Vorwort

Diese Geschichte schlummerte lange im Dunkeln. Als sie wieder das Tageslicht erblickte sprangen noch Begriffe wie Pfennig und D-Mark in ihr herum. Da die Euromünzen am 01.01.2002 eingeführt wurden ist die Geschichte auch ohne Altersbestimmung durch die Radiokarbonmethode mindestens 20 Jahre alt.

Das Leben ist eine Reise, kurz oder lang, bewegt oder eintönig, manche ziehen im Leben 20mal um, einige (wenn auch selten geworden) sterben nach 90 Jahren in derselben Wohnung, in der sie geboren wurden. Etliche (und offensichtlich immer mehr) haben die halbe Welt bereist, andere haben nie ihren Fuß außerhalb des eigenen Landes gesetzt, manche haben den Eindruck, im Leben nichts Aufregendes erlebt zu haben, das Leben Anderer ist voller Abenteuer.

Egal, was das Leben am Ende war, es ist immer eine Reise, eine Reise zum eigenen Ich. Und diese Reise ist immer spannend, egal, wie die äußeren Umstände sind.

Manchmal stehen wir abseits, wie Max, zumindest eine Zeit lang, eher unfreiwillig und kein Außenstehender kann ermessen, was es für ein Kind bedeutet, Tag für Tag viele Stunden einen Ort wie die Schule aufzusuchen und dort während scheinbar nie endender Stunden ausgegrenzt, abseits stehen zu müssen.

Gerade diese Zeiten können zu einem entscheidenden Abschnitt auf unserer wie auf Max' Lebensreise zum eigenen Ich werden. Manchmal bekommen wir dadurch sogar die Einsicht und Kraft, dass wir gar nicht mehr in bestimmten Gruppen sein wollen oder müssen, weil wir dadurch Teile von unserem eigenen Ich aufgeben müssen, um uns an die Gruppe anzupassen, was unsere Reise zum eigenen Ich viel beschwerlicher werden lässt.

Aber nichts braucht einer, auch Max, in einer solchen Situation mehr als einen guten Freund. Jemand hat einmal sinngemäß gesagt, ein Freund ist ein Klotz am Bein und eine Axt in der Hand. Bisher habe ich in meinem Leben keine bessere Beschreibung einer Freundschaft gefunden. Unwillkürlich tauchen bei diesem Satz im Kopf Bilder von Abenteurern auf, die sich mit einer Machete (Axt) einen Weg durch den Urwald bahnen. Bis sie plötzlich auf einer sonnendurchfluteten Lichtung stehen, vor ihnen ein perlender hoher Wasserfall, der sich in einen kristallklaren See ergießt voller unbeschreiblich schöner bunter exotischer Fische.

Max' Reise, unsere Reise, ist der Weg, den wir uns - am besten mit einem Freund an der Seite - durch den Dschungel des Lebens bahnen. Halten wir oder Max einmal inne und lauschen, können wir überall, egal wie undurchdringlich der Urwald an dieser Stelle unseres Lebens ist, in der Ferne das leise Rauschen unseres Wasserfalls hören, der auf Max ebenso wie auf uns wartet. Bis wir endlich, nach kleinen oder großen Abenteuern, vor ihm stehen.

Max' abenteuerliche Reise zum Ich
- eine kurze weite Reise -

Wenn ich später groß bin, werd' ich Prinzessin!, sagte Paulinchen.

Dann kann unser Märchen anfangen, erwiderte ihr Vater, eine Prinzessin braucht einen König. Du kannst mich als König einstellen!

Paulinchen lächelte nicht. Sie sah auf ihren Vater, der müde im glattpolierten Eisenbett lag. Die rechte Hand hing über der Bettkante und Paulinchen, die gerade mal über das Bett reichte, konnte direkt in Vaters Hand sehen. Viele Kringel-Falten liefen über die Haut, verschwanden plötzlich und tauchten an anderen Stellen der Hand wieder auf. Manchmal zuckte ein Finger und viele kleine Schweißperlen glitzerten im Sonnenlicht. Die Wände waren weiß gestrichen. An einer Stelle kam ein grüner Schlauch heraus und schlängelte sich wie ein langer Wurm bis in Vaters Nase. Man konnte deutlich das Zischen hören, mit dem die Luft aus dem grünen Schlauch im Nasenloch verschwand.

Sauerstoff, hatte die Mutter gesagt. Max, Paulinchens Bruder, dachte nach. Warum stellte man Vaters Bett nicht einfach unter einen großen grünen Baum? Bäume geben auch Sauerstoff und der schmeckt bestimmt besser als aus dem grünen Plastikschlauch.

Über dem Kopf war eine Stange befestigt. Dort hingen zwei Plastikflaschen mit bunten Schildern. Im Sekundentakt tropfte eine durchsichtige Flüssigkeit in einen weißen Schlauch und verschwand in Vaters Arm.

Neben dem Bett stand ein Nachttisch. Die Blumen vorn letzten Besuch waren verschwunden. Paulinchen und Max hatten sie unterwegs gepflückt. Noch am selben Tag warf eine Krankenschwester die Blumen weg, weil schwarze Käfer und sogar eine Blattlaus auf den Blüten krabbelten. Käfer gehören nicht ins Krankenhaus! Und ob Vater sich nicht, wie die anderen, Blumen aus einem Geschäft mitbringen lassen konnte?

Blumen aus einem Geschäft!? Die sind so sauber, dass sich kein Schmetterling auf ihnen wohlfühlt, dachte Max. Außerdem sind sie mit Gift gespritzt und giftige Blumen konnte Vater mit seiner Krankheit jetzt am allerwenigsten gebrauchen.

Max griff in seine Hosentasche. Mit den Fingern tastete er die Oberfläche seiner beiden letzten Münzen ab. Zwei mal 10 Cent. Seit Monaten bekam Max kein Taschengeld mehr. In den besten Zeiten hatte sich Vater manchmal mit ihm abends an den kleinen Küchentisch gesetzt. Er räumte dann seine Taschen aus und schenkte Max alle Münzen, die er nicht mehr brauchte. Es waren wirklich gute Zeiten, denn dazu kam noch das Taschengeld.

Für zwanzig Cent brauch' ich nicht mal am Blumengeschäft vorbeizugehen, dachte Max. Er zog seine Hand aus der Tasche und legte sie in Vaters Hand, die noch immer über der Bettkante hing.

Ist wohl besser, wenn wir jetzt gehen, flüsterte Max. Ja, sagte Vater, Mutter wird schon warten und Paulinchen muss ins Bett.

Die beiden Kinder verließen das große Haus, in dem die Kranken wohnten. Vater war auch einer von ihnen, seit vier Wochen.

Kommt Papa bald nach Hause? fragte Paulinchen. Max schwieg. Er wusste es selbst nicht. Die Mutter wusste es nicht, und sie hatte gesagt, dass auch die Ärzte es nicht wissen. Niemand wusste es.

Max dachte nach. Paulinchen hing wie ein Kartoffelsack an seinem Arm. Sie war müde und ihre Müdigkeit machte ihr Gewicht noch schwerer.

Max dachte weiter nach. Seine Gedanken eilten den Weg voraus, nicht um Kilometer, sondern um Jahre. Max beeilte sich, seine Gedanken einzufangen. Er rannte, Paulinchen quengelte. Endlich hatte Max seine Gedanken eingeholt:

Das Fußballstadion ist bis auf den letzten Platz ausverkauft. 100 000 Menschen sitzen um das grüne Feld herum. Eine ganze Stadt passt in das Stadion.

Max steht in der Mitte. An seinem Arm trägt er eine Binde, er ist der Kapitän.

Kopf oder Zahl? Der Schiedsrichter guckt ihn an. Max entscheidet sich für Zahl und gewinnt. Er darf die Seite wählen. Dann sieht er in die Zuschauer. Ihre Köpfe sind wie hunderttausend Kugeln, die er noch nie gesehen hat. Ob Jenny im Stadion ist? Oder sieht sie das Spiel zu Hause am Fernseher? Der Schiedsrichter pfeift an. Max bekommt den Ball und rennt los. Er fühlt, wie Jennys Augen seine Füße beobachten und rennt immer schneller. Die anderen Spieler sind wie Stangen mit zwei großen

Augen. Jetzt läuft er allein auf das gegnerische Tor zu. Doch der Torwart wird auf einmal immer grö-ßer. Er verwandelt sich in einen riesigen Elefanten, der das ganze Tor ausfüllt. Nur zwischen den Beinen bleibt eine winzige Lücke.

Du musst die Lücke treffen, denkt Max. Jetzt, jetzt, jetzt schieß los. Bevor der Torwartelefant die Beine zusammenkneift, ist der Ball durchgeflogen und zappelt im Netz.

Max sieht hoch. Auf einmal steht Jenny hinter dem Tor und lächelt ihn an. Ein Augenblick Stille. Danach werfen sich die anderen Spieler voller Freude auf ihn und hunderttausend Stimmen jubeln. Pfiffe, Kreischen, Schreie, wieder Pfiffe und dann ein schrilles Quietschen....

Kannst du nicht aufpassen! Den Hintern sollte man dir versohlen! Du gehörst ins Bett und nicht auf die Straße!

Max blickte nach vorne. Keinen halben Meter entfernt stand ein rotes Auto. An seinem Arm hing noch immer Paulinchen. Sie war kreidebleich und fing an zu weinen. Aus dem Auto starrte ein Mann mit hochrotem Kopf, seine Gesichtsfarbe passte zum Wagen. Mach, dass du nach Hause kommst, schrie er und fuhr davon. Er kümmerte sich nicht um die Kinder. Zum Glück war beiden auch nichts passiert, nur der Schreck steckte ihnen gewaltig in den Knochen. Max setzte Paulinchen auf seine Schultern und trottete weiter. Noch mal gut gegangen, dachte er. Vielleicht auch Pech. Ein Krankenwagen hätte sie sonst abholen müssen und sie könnten heute Nacht neben Vater im Krankenhaus schlafen Zehn Minuten später waren die Kinder zu

Hause. Mutter saß am Küchentisch, in der Mitte stand eine Kerze. Max drückte auf den Lichtschalter, aber die Lampe ging nicht an. Der Strom ist ausgefallen, sagte Mutter, ihr müsst im Dunkeln schlafen gehen. Sie leuchtete mit einer Taschenlampe den Weg ins Kinderzimmer. Max sah nach draußen. Nur bei ihnen war es dunkel. In den anderen Wohnungen sah er die vielen eingeschalteten Lampen. Er konnte sich denken, was passiert war.

In der Nacht wachte Max auf. Er holte die kleine Taschenlampe unter dem Kissen hervor und stieg aus dem Bett. Die Küchentür war einen Spalt offen. Er leuchtete hinein und sah seine Mutter, sie war auf dem Stuhl eingeschlafen. Max weckte sie nicht. Mit der Taschenlampe leuchtete er sich den Weg bis zu einem schwarzen Kasten im Korridor. Der Stromzähler. Gestern noch hatten sich die Zahlen regelmäßig fortbewegt, waren emsig hin- und hergesprungen. Jetzt standen sie still, als wenn sie eingefroren wären. An der Seite klebte ein Zettel:

Gesperrt. Gebühr nicht bezahlt!

Max schluckte. Er dachte an seine Mutter, die so gerne abends in der Badewanne saß und holte die Münzen aus seiner Hosentasche.

Ob man für zwanzig Cent eine Badewanne warmes Wasser kaufen kann? dachte Max. Früher hatte er beobachtet, wieviel sich der Zähler veränderte, wenn er eine Stunde die Lampe brennen ließ. Oder wenn Mutter eine Stunde badete. Dann drehten sich die Zahlen noch viel schneller. Zwei 10-Cent-Stücke, dachte Max, nur zwei Mal 10 Cent. Damit würde er die Zahlen nicht wieder zum Drehen bekommen.

Max legte sich wieder ins Bett. Er dachte an Vater, der im Krankenhaus lag. An die Mutter, die am Küchentisch eingeschlafen war. Vielleicht war sie müde. Vielleicht schlief sie nur, um an das alles nicht denken zu müssen. Paulinchen kam ihm in den Sinn. Manchmal wachte sie nachts auf und lief in das Schlafzimmer der Eltern. Wenn sie auf den Lichtschalter drückte, würde nichts passieren.

Im Dunkeln hatte Paulinchen Angst. Max konnte es nicht ändern. Aber er konnte wenigstens wegen Paulinchen die Nacht über wachbleiben und ihr mit der Taschenlampe leuchten, falls sie aufstand. Doch mit jeder Minute wurde Max müder.

Er sah noch, wie zwei Männer in blauen Anzügen vor ihrer Tür standen. Sie trugen ein riesengroßes Schild in der Hand: Gesperrt, Gebühr nicht bezahlt. Die Männer stellten das Schild vor die Wohnungstür. Niemand konnte mehr heraus oder herein. Die Nachbarn liefen vorbei und schüttelten den Kopf. Oder sie blickten einfach zur anderen Seite und sagten: So, so, so, so, so, so.
Und: Ach herrjeh! Ach herrjeh!
Als die Nachbarn weg waren, kam Max' Schulklasse vorbei. Alle sahen mit riesengroßen Augen auf das Schild.

Was sie sagten, konnte Max nicht mehr verstehen. Er war endlich eingeschlafen.

Am nächsten Tag hatte Max erst zur dritten Stunde. Als er aufwachte, war es bereits hell. Schnell sprang er aus dem Bett und lief als Erstes zur Wohnungstür. Gespannt öffnete er sie. Kein Schild, das ihm den Weg versperrte, kein Schild mit der Aufschrift:

Gesperrt. Gebühr nicht bezahlt.
Er atmete erleichterte auf.

Max, was machst du denn an der Tür?, rief seine Mutter.
Ich dachte, es hat geklopft, stotterte Max.

Mensch, die Klingel, kam es ihm gleich darauf in den Sinn. Ohne Strom funktionierte doch keine Klingel. Er drückte auf den Knopf, die Klingel blieb stumm. Nachher würde sein Freund kommen, ihn abholen. Was der denkt, wenn die Klingel nicht geht?

Als Max sich umdrehte, stand seine Mutter hinter ihm. Sie sah etwas traurig aus. In der Hand hielt sie ein Schild, das sie an der Tür befestigte:

Bitte klopfen, Klingel kaputt.

Geh, mach dich fertig, sagte Mutter. Der Strom ist ausgefallen, aber wir werden es schon wieder in Ordnung bringen.

Max wollte nicht weiter fragen. Seine Mutter war einfach toll. Sie war nicht mehr so lustig wie früher, aber irgendwie konnte sie immer alles in Ordnung bringen.

Während Max frühstückte, telefonierte seine Mutter. Das Telefon war das einzige Gerät, das noch an war. Max konnte nicht alles mithören, oft hörte er aber einzelne Sätze, die aus dem Telefon kamen:

Da kann ich Ihnen nicht helfen. Tut mir leid, ich bin für Sie nicht zuständig. Herr Meier ist in einer Besprechung, sein Vertreter ist im Urlaub. Rufen Sie in einer Stunde noch einmal an. Das ist nicht unser Problem, Sie müssen sich ans Rathaus wenden.

Max wurde irgendwie wütend und Mutter tat ihm leid. Mit jedem vergeblichen Anruf wurde ihre Stimme leiser und gleichförmiger.

Wozu gibt es all die Nummern, wenn niemand helfen kann, dachte Max. Es war wie ein Heuhaufen aus Telefonnummern und Mutter musste eine Stecknadel, die richtige Nummer, finden.

Du musst zur Schule!, sagte Mutter.

Max blickte zur Uhr. Es blieb noch eine Stunde Zeit, seine Mutter wusste nicht, dass er erst zur Dritten hatte. Aber er wollte es nicht länger anhören, wenn Mutter wieder vergeblich eine Telefonnummer anrief.

Ja, sagte Max, ich geh' gleich los! Er druckste herum, Mutter merkte es sofort.

Du willst doch noch was, sagte sie.

Naja, ist nur, weil heute der letzte Tag ist. Bis heute müssen wir das Milchgeld abgeben.

Ach herrjeh, sagte Mutter, ich muss vorher zur Bank. Max, kannst du mal einen Monat ohne Kakao auskommen?

Max nickte. Wie schwer musste es Mutter fallen, immer diese Ausreden. Sie hatten wahrscheinlich kein Geld mehr auf der Bank. Blöd von ihm, er hätte sie nicht fragen sollen.

Max nahm die Schultasche und verließ die Wohnung. Als er die Tür aufschloss, las er noch einmal das Schild: **Klingel kaputt, bitte klopfen.** Wütend trat er gegen das Treppengeländer und rannte die Stufen herunter.

Max schlenderte die Straßen auf und ab, bis sein Freund Pit kam. Bist du rausgeflogen?, fragte Piet, weil Max schon unten stand.

Ich will dir nur das Treppensteigen ersparen, erwiderte Max.

Dann liefen die beiden gemeinsam zur Schule.

Deine neuen Hosen finde ich echt cool, sagte Pit. Warum hast du die nicht schon früher angezogen? Max überlegte. Vorgestern hatte er Namenstag gehabt und von seiner Mutter eine neue Hose geschenkt bekommen. Dickies, die waren jetzt in.

Meine Mutter musste sie erst waschen und ein Stück umnähen, sagte Max.

Du bist vielleicht blöd, erwiderte Pit. Dickies näht man nicht um. Wenn Gerrit dich sieht, wird er sich einen ablachen.

Max dachte an Gerrit, diesen Angeber. Gerrit hatte ihn auf dem Kieker und suchte nur nach Gelegenheiten, ihn zu blamieren. Kannst du den Mund halten, fragte Max.

Pit nickte. Max suchte den nächsten Hauseingang, zog ein Messer aus der Tasche und trennte die Beinumschläge auf. Die Hose war etwas lang, der Stoff schleifte jetzt über dem Boden. Immer noch besser, als Gerrit eine Möglichkeit zu geben, ihn bloßzustellen.

Sie trafen Gerrit in der ersten Pause. Ein paar Jungs standen um ihn herum und bewunderten seine neue Bomberjacke. Dazu neue Turnschuhe und eine goldene Halskette. Im Kreis standen auch einige Mädchen, unter ihnen befand sich Jenny.

Hey Gerrit, sagte Pit.

Gerrit blickte gelangweilt hoch. Wen hast du denn mitgebracht, einen wandelnden Kleiderständer?

Gerrit sah Max an. Einige Jungen lachten verhohlen, die Mädchen waren still.

Echt cool, deine neuen Dickies, sagte Jenny auf einmal. Gerrit gefiel es nicht, dass Jenny sich für Max einsetzte.

Er machte einen Schritt nach vorn und betrachtete den Anderen von allen Seiten. Ganz unvermutet, wie aus heiterem Himmel, flog ein Grinsen über sein Gesicht.

Wirklich echt cool, sagte er, darf ich mal anfassen? Max nickte, was sollte er auch tun.

Meine alten Dickies sahen genauso aus, sagte Gerrit. Aus Hanf, gleiche Farbe. Die haben wir vor zwei Wochen in die Altkleidersammlung gegeben.

Max wurde rot. Du willst doch nicht behaupten, dass ich deine Lumpen auftrage. Meine Dickies sind neu. Hab' ich vor zwei Tagen bekommen.

Ich sage gar nichts, erwiderte Gerrit. Musst nicht gleich beleidigt sein. Übrigens meine Dickies hatten in der rechten Tasche ein Loch. Meine Mutter hat einen braunen Flicken draufgebügelt.

Gerrit blickte Max herausfordernd an. Alle wussten, was Gerrit behauptete und Max wusste, was die anderen von ihm erwarteten.

Er griff in seine Hosentasche und fasste das Innenfutter mit den Fingerspitzen. Gebannt sahen seine Mitschüler auf seine versteckte Hand. Dann zog er die Hosentasche heraus. Am Futter klebt wie eine grinsende Fratze der braune Stoffflicken.

Gerrit sagte nichts. Er grinste nur mit seiner widerlichen Visage.

Max wurde puterrot. Die Sache war schlimm genug, aber musste denn ausgerechnet Jenny noch alles mitbekommen? Er drehte sich um und lief schweigend davon. Am liebsten hätte er die Hose auf der Stelle ausgezogen und in eine Mülltonne geworfen.

Übrigens, heute ist letzter Tag für das Milchgeld, rief ihm Gerrit hinterher.
Die meisten im Kreis waren still. Einige feixten leise vor sich hin. Nur ein Mädchen ging auf Gerrit zu: Du bist ein Mistkerl, sagte sie.
Jenny war es nicht.

Max verließ den Schulhof. In die Klasse würde er nicht mehr zurückkehren; am besten nie mehr - wenigstens heute nicht und vielleicht auch morgen. Es gab in diesem Moment keinen Ort, wo er hinkonnte oder auch wollte. Zu Hause war Mutter und kämpfte am Telefon, dass der Strom wieder angestellt wird. Seine Freunde waren alle in der Schule. Mit Vater hätte er sich jetzt gern unterhalten. Vater aber lag im Krankenhaus, Besuchszeit von 15.00 bis 18.00 Uhr. Max lief ziellos durch die Straßen. Zwei Stunden musste er sich die Zeit vertreiben, bevor er nach Hause konnte, sonst würde Mutter etwas merken.

An der nächsten Straßenecke stand ein kleiner dunkelhaariger Mann mit weißen Plastiktüten zwischen den Beinen. Seine Augen flackerten unruhig hin und her, beobachteten jeden Vorübergehenden. Max erkannte Zigarettenstangen, die aus den Plastiktüten herausragten. Er hatte von Straßenhändlern gehört, sogar von Schießereien und Messerstechereien zwischen ihnen.

Es würde besser sein, auf die andere Straßenseite zu wechseln. Max wollte gerade hinüberlaufen, als ihn der kleine Mann ansprach: Du herkommen!

Max zögerte. Er guckte in die funkelnden Augen seines Gegenübers. Bestimmt hatte der eine Pistole in der Tasche oder wenigstens ein Messer.

Du herkommen!, wiederholte der Mann und winkte heftig mit den Armen.

Unsicher lief Max auf ihn zu.

Du guter Junge, sagte der kleine Mann. Brauchst keine Angst. Ich auch gut. Wir alle gut.

Max nickte.

Du wollen Geld verdienen?

Max zuckte mit den Achseln. Natürlich wollte er Geld verdienen, die ganze Welt will Geld verdienen.

Du gehen an große Kreuzung, mit Ampel, zwei Ecken weiter. Du verstehen?

Max nickte.

Hier Zettel, sagte der kleine Mann aufgeregt. Wenn Ampel rot, Autos müssen halten. Dann du gehen hin und geben Zettel durch Fensterscheibe, klar?

Max nahm einen Zettel. Er enthielt eine einfache Skizze, auf der offensichtlich der Standort des kleinen Mannes eingezeichnet war.

Wenn Autofahrer kommen zu mir und kaufen Zigaretten, ich nehmen Zettel wieder und geben dir 3 Euro. 3 Euro für jeden Zettel.

Max schluckte. Vor seinen Augen sah er die riesige Kreuzung mit den vielen Autos. Wenn nur zehn Autofahrer seinen Zettel nahmen. Zehn mal 3 Euro, 30 Euro an einem einzigen Tag. Vielleicht würden es auch zwanzig oder sogar dreißig Autofahrer sein. Außerdem, welche Chance hatte er? Wenn er ablehnte, würde der kleine Mann vielleicht eine Pistole herausholen und ihn zwingen, die Zettel ohne Geld zu verteilen.

Einverstanden!, sagte Max und nahm mit zittrigen Händen einen Stoß Zettel entgegen.

Du guter Junge. Sehr guter Junge, wiederholte der kleine Mann. Wir alle gute Menschen, Autofahrer auch gute Menschen.

Max überquerte die Straße. Als er sich umdrehte, sah er einen zweiten Mann aus dem Hausflur kommen. Beide Männer steckten die Köpfe zusammen und unterhielten sich aufgeregt. Einer von ihnen zeigte auf Max, der andere Mann nickte heftig. Noch während sich die Männer unterhielten, kam ein graues Auto um die Ecke gerast. Mit quietschenden Reifen hielt es vor dem Hauseingang. Die Türen flogen auf und zwei junge Männer stürzten heraus. Max hörte, wie sie brüllten: Auf den Boden! Und: Verhaftet!

Mensch, hau' ab!, dachte Max. Wenn die von den Zetteln hören, nehmen die dich auch mit.

Er warf die Zettel in die Luft und flitzte los. Die beiden jungen Männer blickten verdutzt hinter ihm her. Sieh doch mal nach, was der weggeworfen hat, sagte einer von beiden. Es waren Polizisten in Zivil. Der andere holte einen Zettel von der gegenüberliegenden Straßenseite und pfiff durch die Zähne: Sieh an, neue Masche, was?

Der kleine schwarzhaarige Mann, der noch immer auf dem Boden lag, wurde wütend.

Du Idiot, brüllte er Max hinterher, wenn ich dich fassen kriegen!

Halts Maul!, sagte einer der jungen Männer. Er sah Max hinterher, der wie eine flitzende Billardkugel hinter der nächsten Hausecke verschwand.

Als Max nach Hause kam, war Mutter weg. Am Spiegel klebte ein Zettel: Bin unterwegs. Paulinchen ist bei Oma. Hol 'sie bitte ab und mach deine Hausaufgaben.

Mutter kehrte erst am späten Nachmittag zurück. Sie war ein bisschen weniger traurig als sonst.

Ich habe eine gute Nachricht, sagte sie.

Max überlegte. Hatte er nicht Grund, auf Mutter sauer zu sein? Wegen der Hose, der Sache auf dem Schulhof mit Gerrit, seiner Blamage vor Jenny.

Du Ma, sagte Max, es ist wegen der Hose, weißt du.

Was ist mit der Hose? Magst du sie nicht mehr?

Doch schon. Meine Freunde haben nur gefragt, wie teuer sie war. Und aus welchem Geschäft ich sie habe.

Mutter zögerte. Bei Geschenken spricht man nicht über Geld, sagte sie. Das Geschäft, das Geschäft habe ich vergessen. Ich war in so vielen Geschäften wegen deiner Hose.

Du blöder Kerl, dachte Max zu sich selbst. Warum sprichst du Mutter an? Wegen dir muss sie wieder Ausreden suchen.

Ist auch nicht so wichtig, sagte Max. War nur so 'ne Frage.

Papa kommt übermorgen nach Hause, sagte Mutter.

Und das Licht? fragte Max. Was wird er sagen, wenn wir kein Licht haben?

Ach, der Strom, antwortete Mutter. Wird alles morgen früh repariert, noch bevor Papa zu Hause ist.

Max drehte sich um. Er biss sich auf die Zähne, trotzdem konnte er nicht verhindern, dass ihm eine Träne aus dem Auge lief.

Blöder Mist, dachte er. Warum musste Mutter sich ständig Ausreden ausdenken? Warum sagte sie ihm nicht einfach, dass die Stromrechnung nicht bezahlt war? Wie schwer musste es ihr fallen.

Max fuhr sich mit dem Ärmel übers Gesicht und drehte sich wieder zurück.

Da ist noch was, Ma, sagte er, ich kann die Hose nicht mehr tragen.

Warum?

Ich bin übern Schulzaun geklettert und hab mir beide Seiten aufgerissen.

Mutter blickte auf die zerfetzten Hosenbeine, die Max in Wirklichkeit mit einem Messer zerschnitten hatte, um die Hose nicht mehr zu tragen. Sie unterdrückte einen Seufzer.

Eine neue kann ich dir im Moment nicht kaufen, sagte sie.

Ist doch alles nicht so schlimm, fügte sie hinzu, als sie Max' aufgequollenes, verweintes Gesicht sah.

Ist doch alles nicht so schlimm, murmelte Max. Wenn sie wüsste, warum ihm zum Heulen war.

Er rannte ins Nebenzimmer und warf sich auf sein Bett. Paulinchen saß auf dem Boden und spielte. Wollen wir zusammen spielen?, fragte sie.

Lass mich in Ruhe!

Mutter stand in der Zimmertür. Komm, Paulinchen, lass Max ein bisschen schlafen. Sie fuhr dem Jungen über die blonden Haare. In einer Stunde gibt es Abendbrot. Ich mach' was ganz Feines. Kommst du dann?

Max nickte nur. Sprechen konnte er jetzt nicht.

Dann gingen Mutter und Paulinchen aus dem Zimmer. Er blieb mit seinen Gedanken allein, die immer wieder in die Vergangenheit auf den Schulhof zurücklaufen wollten. Er konnte seine Gedanken einfach nicht zurückhalten.

Max schlief ein. Endlich fanden seine Gedanken einen Platz, wo sie nicht mehr an den heutigen Tag erinnert wurden....

Sie wissen, was auf dem Spiel steht, Max!

Der Kommandant dreht sich um und sieht Max in die Augen. Sie werden der Erste sein, wenn Sie es schaffen. Wenn nicht, ach wir werden an so etwas nicht denken. Sie schaffen es und erstatten mir einfach Bericht - noch vor der Presse, versteht sich! Übrigens Max, der Präsident wird Sie nach ihrer Rückkehr sehen wollen. Ihre Frau sollte an dem Empfang teilnehmen, natürlich auch Ihre Eltern und Ihre beiden Schwestern. Die Leute mögen so etwas, kommt im Fernsehen gut an. Wird auch Ihrem Vater gut tun, sich im Fernsehen neben dem Präsidenten zu betrachten.

Max nickt. Er verlässt den Raum und läuft durch ein Spalier von tausend Fotografen, die ein wahres Blitzlichtgewitter veranstalten. Dann betritt er den Fahrstuhl, der ihn zur Einstiegsluke der Rakete emporhievt.

Der Countdown läuft: ten, nine, eight... In zwei Monaten würde er dank der neuen Antriebstechnik der erste Astronaut auf dem Mars sein. Ein heftiges Vibrieren, Max wird etwas schwindelig, und die Rakete hebt wie ein Pfeil vom Boden ab. Er guckt durch die Öffnung und betrachtet die Erde. Mit jeder Stunde wird es dunkler. Endlich ist er im schwarzen

Weltall eingetaucht. Geheimnisvolle Gesteinsbrocken fliegen an der Luke vorbei, in der Ferne leuchten glitzernde Sterne. Max schaut auf die Uhr. Es ist Zeit, die Tabletten zu nehmen. Sie werden ihn in einen Dauerschlaf versetzen und wenn er in zwei Monaten aufwachte, würde er bereits die Marsoberfläche sehen.

Er legt sich in die Spezialkammer, die wie Vaters Krankenhausbett mit einem grünen Sauerstoffschlauch verbunden ist. Gleich darauf schläft er noch tiefer. Er träumt von den gefährlichen Marskratern, den unheimlichen Marswinden und Meteoriteneinschlägen. Mit einem Kettenfahrzeug wird er kurze Expeditionen unternehmen. Gold, Mensch Max, unter der Marskruste liegen versteckte Goldklumpen. Er buddelt. Wie Kartoffeln auf einem Acker kommen faustgroße Goldklumpen zum Vorschein.

Ich werde einen für Vater mitnehmen, denkt Max. Aber die Quarantäne, nach seiner Rückkehr muss alles erst in die Quarantäne. Er darf keinen Goldklumpen einschmuggeln. Fremde Bakterien könnten dran kleben und vielleicht die ganze Welt vernichten.

Was würde der Commander sagen, wenn er heimlich den Goldklumpen einschmuggelte?

Max schwitzte und warf sich unruhig hin und her.
Du sollst Essen kommen!
Essen kommen? Ich brauche zwei Monate nicht zu essen.
Max, du sollst essen kommen!
Als Max die Augen aufschlug, stand seine ältere Schwester Charlotte vor ihm. Musst ja ganz schön

weggewesen sein, was du für'n Quatsch geredet hast!

Max war noch nicht richtig wach. Er tastete sich ab, nein er steckte in keinem Raumanzug. Und in der Tasche hatte er auch keinen Goldklumpen. Er hatte ein komisches Gefühl, am ehesten, als ob er sich schämte. Immer diese Wunschträume! Sie waren wie eine Flucht, die nicht gelang. Und am Ende steckte er jedes Mal etwas tiefer im Schlamassel. Aber wenigstens hatte er eine halbe Stunde nicht an den unangenehmen Vormittag auf dem Schulhof denken müssen.

Max stand auf und folgte Charlotte durch den dunklen Korridor in die Küche. Mutter war weg. Noch mal ins Krankenhaus und wegen des Stroms, sagte Charlotte.

Die Küche war an wenigen Stellen mit Kerzen er- leuchtet. Paulinchen saß am Tisch und stopfte Pizza in sich hinein. Charlotte hatte Fertigpizzas aufgewärmt, der Gasherd funktionierte noch. Max traute seinen Augen nicht. Überall in der Küche standen aufgebackene Pizzas herum.

Alles Sonderangebote, die Mutter regelmäßig ein- kaufte. Auf dem Boden eine riesengroße Schüssel mit aufgewärmten Fritten. Aus Platzgründen hatte Charlotte einen Stapel Eisschachteln im Waschbe- cken abgestellt.

Bist du verrückt!, brüllte Max. Ma wird der Schlag treffen, wenn sie das sieht.
Reg' dich ab, entgegnete Charlotte. Hast wohl ver- gessen, dass wir ohne Strom sind. Die Tiefkühl- truhe taut weg.
So'n Mist, stammelte Max. Er wusste, wieviel Zeit Mutter verwendete, um nach Sonderangeboten zu sehen, die sie dann einfror. Auf diese Weise konnte sie einiges Geld beim Einkauf sparen.
Ich wollt' schon 'ne Fete machen, sagte Charlotte. In paar Restaurants kann man so viel Pizza essen, wie man schafft. Pizzafete, jeder kriegt so viel er will. Wär' doch cool, oder? Aber wie soll ich meinen Freunden erklären, dass wir kein Licht haben und warum unsere Truhe auftaut?

Sie ließ Max keine Zeit zum Antworten und sprach weiter. Max achtete kaum auf sie.

Du hättest sagen können, dass unser Strom kaputt ist, sagte er endlich.

Strom kaputt, glaubst'e wohl nicht im Ernst!

Max schluckte. Charlotte wusste also, warum der Strom abgestellt war.

Paulinchen, schmeiß mal 'ne Pizza rüber, rief Max. Die kleine Schwester reichte ihm einen der runden Teigteller vom Tisch. Max biss hinein.

Dann woll'n wir uns mal an die Arbeit machen, sagte er mit vollgestopftem Mund.

Nach dem Essen musste Paulinchen ins Bett gebracht werden. Beim Zähneputzen stand Max neben ihr und leuchtete mit einer Kerze. Paulinchen fand es toll, sich im Kerzenlicht die Zähne zu putzen. Als sie auf die Toilette ging, musste Max aus dem Bad. Im Dunkeln auf die Toilette gehen fand Paulinchen noch schicker. Als sie aus dem Badezimmer kam, nahm Charlotte sie zur Seite.

Dass du niemand erzählst, wenn wir uns mit Kerzenlicht die Zähne putzen. Verstehst du, das darf niemand wissen. Es ist unser Geheimnis.

Paulinchen sah sie verständnislos an. Aber Charlotte wollte unter keinen Umständen, dass ihre Freundinnen vom abgestellten Strom erfuhren.

Mutter kam gerade nach Hause, als Max und Charlotte mit dem Aufräumen anfingen. Beim Anblick der Küche fiel ihr die Einkaufstasche auf den Boden. Eine Milchtüte zerplatzte und bildete ein weißes Rinnsal auf dem Linoleum.

Seid ihr denn verrückt geworden!, schrie Mutter, keine fünf Minuten kann man euch allein lassen.

Max machte einen Schritt vor. Er wollte ihr alles erklären, da hatte er schon eine klatschende Ohrfeige bekommen.

Max schluckte. Noch nie hatte er Mutter so erlebt, er konnte sich nicht erinnern, dass sie ihn jemals geschlagen hatte.

Max kann nichts dafür, rief Charlotte. Die Truhe ist aufgetaut, weil der blöde Strom abgestellt ist.

Erst jetzt verstand Mutter. Sie ließ mutlos die Arme sinken.

Max, es tut mir leid, sagte sie mit erstickter Stimme. Schon gut, erwiderte Max. Wolltest bestimmt für Dad ein tolles Essen machen, wenn er morgen aus dem Krankenhaus kommt. Und nun ist alles im Eimer.

Den ersten Tag ohne Schule hatte Max gut überstanden. Er saß allein in der Wohnung. Mutter hatte wohl nichts gemerkt. Sie war mit Paulinchen ins Krankenhaus gefahren, weil Vater bald entlassen werden sollte. Charlotte war bei ihrer Freundin.

Einen Tag noch, dachte Max, naja vielleicht auch zwei, werde ich nicht in die Schule gehen. Dann ist Gras über die Sache gewachsen. Damit meinte er die Sache mit der Hose. Max hatte für die nächsten Tage keine Lust, seine Schulfreunde zu sehen. Er würde einen Entschuldigungszettel brauchen, aber das stellte kein Problem dar.

Aus einem Geheimversteck holte er einen Bogen Butterbrotpapier heraus, auf diesem Bogen war die Unterschrift seiner Mutter abgepaust. Jetzt holte er ein altes Blatt und versuchte immer wieder, die Unterschrift nachzuschreiben. Endlich war er zufrieden. Selbst Sherlock Holmes mit Lupe hätte keinen Unterschied mehr finden können. Es war der Zwölfte des Monats. Morgen und übermorgen fehlen, dann würde seine Mutter also am 14. den Entschuldigungszettel schreiben. In der rechten Ecke schrieb er das ausgerechnete Datum und eine Zeile tiefer, in der linken Ecke:

Sehr geehrter Herr Klitsch!
Ich möchte Sie bitten, das Fehlen unseres Sohnes Max vom 12. bis 14. zu entschuldigen. Max lag mit einer Erkältung und hohem Fieber im Bett.
Darunter setzte Max die Unterschrift.

Er las die Zeilen noch einmal und war zufrieden. Hohes Fieber, klang wirklich gut, dachte Max, daraus hätte man sogar eine Woche freimachen können. Aber drei Tage reichten ihm.

Er faltete den Entschuldigungszettel und legte ihn sorgfältig in sein Deutschbuch. Dann legte er sich auf sein Bett und schloss die Augen. Irgendwie war es schön, drei Tage frei, drei Tage keine Schule, drei Tage keine Hausaufgaben, drei Tage, drei Tage diesen Typen von Gerrit nicht sehen.

Max merkte nicht, wie er immer tiefer im Schlaf zurückfiel und Bilder aus seinem träumenden Unterbewusstsein ans Tageslicht auftauchten:

Es ist abends. Max geht noch einmal um den Block, um mit seinem Hasen Gassi zu gehen. Er hat ihm eine Hasenleine umgebunden und einen Maulkorb, damit er nicht beißt, damit er nicht die Möhren am Obststand anknabbert. Einige Hunde kommen ihm entgegen. Sie knurren, als sie den Hasen sehen. Doch als Max' Kaninchen zurückfaucht und seine beiden großen Vorderzähne zeigt, machen die Hunde einen großen Bogen. Zu Hause bereitet Mutter inzwischen das Abendbrot. Paulinchen hat keine Lust mehr, allein zu spielen. Sie geht in Max Zimmer und guckt sich die bunten Poster an der Wand an. Plötzlich sieht sie die offene Schultasche. Paulinchen wird neugierig, später wird sie auch so eine Schultasche tragen. Sie will sehen, was in einer Schultasche drinsteckt. Auf einmal holt sie ein Buch heraus. Ihr gefallen die vielen bunten Bilder. Paulinchen läuft mit dem Buch in die Küche. Mutti vorlesen, bettelt sie, und gibt ihrer Mutter das Buch. Ach Paulinchen, eigentlich habe ich jetzt überhaupt keine Zeit. Bitte, bitte, bettelt Paulinchen weiter. Mutter gibt nach, aber nur eine Geschichte, verstehst du. Sie beginnt im Buch zu blättern, da fällt plötzlich ein weißer Zettel heraus. Du spinnst wohl, du blöde Kuh! Du sollst nicht an meine Sachen gehen, schreit Max. Er holt aus, um seiner kleinen Schwester eine runterzuhauen. Seine Hand fliegt an Paulinchens Haar vorbei und landet auf etwas Weichem.

Max riss die Augen auf. Vor dem Bett stand Mutter. Seine Hand klebte noch an ihrem Bein.

Was ist denn mit dir los?, sagte Mutter entrüstet.

Max wurde rot. Tut mir leid, aber ich hab geträumt, dass Paulinchen an meiner Schultasche war.

Trotzdem wird nicht gehauen, sagte Mutter ernst, auch im Traum nicht.

Tut mir wirklich leid, stotterte Max, soll nicht wieder vorkommen.

Welche Geheimnisse hast du denn in deiner Schultasche?, stichelte Mutter.

Keine, erwiderte Max. Aber Paulinchen bringt mir alles durcheinander. Kannst ja nachsehen, fügte er kühn hinzu.

Mutter schüttelte den Kopf. Schon gut, antwortete sie. Mach' dich fertig, Max.

Was wolltest du eigentlich?, fragte Max seine Mutter.

Was ich wollte? Das Abendbrot ist fertig.

Am nächsten Tag verließ Max zur gewohnten Zeit die Wohnung. Zuerst lief er zur Straßenecke, wo er vor einigen Tagen den Zigarettenverkäufer mit den Plastiktüten getroffen hatte. Der fremde Mann war nicht zurückgekehrt, nur einige Handzettel mit der Skizze lagen noch verstreut im Rinnsal. Für die nächsten fünf Stunden musste sich Max seine Zeit vertreiben, möglichst weit weg von der Schule. Als Erstes musste er seine Schultasche loswerden, es schien ihm zu riskant, den ganzen Vormittag mit Schultasche durch die Gegend zu laufen. Außerdem war die blöde Tasche viel zu schwer. Max besaß schon eine Idee. Einige Straßenzüge weiter standen mehrere verlassene Häuser.

Vor einigen Wochen hatte er sie entdeckt. Die Haustüren und Fenster waren herausgefallen, irgendwo in diesen verlassenen Räumen konnte er seine Schultasche verstecken. Nach zehn Minuten hatte Max die Stelle erreicht. Niemand war zu sehen. Er lief durch eine offene Haustür, die knarrende Holztreppe hoch und drückte die erstbeste Wohnungstür auf. Im Zimmer befanden sich noch einige alte Möbel, Bierdosen lagen auf dem Fußboden und alte verschimmelte Konservendosen.

Max öffnete einen alten Schrank. Er war leer, leer und sauber, der ideale Platz für seine Schultasche. Der Junge entschied sich aber, die Tasche in einem alten Küchenschrank zu verstecken. Er öffnete die staubige Tür und stellte die Schulmappe in das dunkle Innere. Zufrieden klopfte er sich den Staub von den Händen und drehte sich um. Da zuckte er zusammen wie ein zurückschnappendes

Klappmesser. Vor ihm stand ein Mann, vielleicht vierzig Jahre alt, mit einem viel zu großen Mantel über den Schultern, das Gesicht zugewachsen von einem struppigen Bart, in der Hand hielt er mehrere Plastiktüten.

Du solltest dich hier lieber nicht alleine 'rumtreiben, sagte der Mann.
Max schwieg. Was macht er jetzt?, überlegte er. Ist doch bestimmt ein Obdachloser, Penner, würde Gerrit sagen.
Die Tasche nehmen und wegrennen. Das war eine Idee. Oder schreien. Wer sollte ihn hören? Außerdem, Mädchen schreien und überhaupt, der Andere hatte genauso wenig Recht, hier zu sein wie er.
Hat dir wohl die Sprache verschlagen, sagte der Mann. Ausjerissen von zu Hause, wie?
Max schüttelte den Kopf. Er überlegte immer noch, was er am besten tun sollte. Sprechen, dachte Max, einfach quatschen und sehen, wie sich der Andere verhielt.
Brauchst keene Angst zu hab'n, nur weil ick een bisschen zottlich ausseh', sprach der Mann. Such nur ne Bleibe, fürn Winter, wird langsam kalt draußen.
Er stellte die Plastiktüten auf den Boden und sah sich um. Immer detselbe, murmelte er, erst die Arbeit wech, denn die Frau und die Kinder gleich dazu. Und denn keene Wohnung mehr. Wirste och noch kenn'lern', oder lieba nich. Hast wahrscheinlich een schönet Zuhause, sauber und warm und hell.

Wenn der wüsste, dachte Max. Vor einigen Tagen war bei ihnen erst der Strom abgestellt worden.

Oder haste keen Zuhause? Denn derfste dir entscheiden, ob de hier übawintern willst; hast ja den Schuppen als Ersta jefunden.

Max schüttelte stumm den Kopf. Der Mann beachtete ihn kaum. Er zog eine Flasche aus der Tüte und nahm einen großen Schluck. Dann fiel er wie ein schwerer Stein vornüber auf den Boden. Die Flasche zerschellte und ein stechender Geruch breitete sich im Raum aus.

Mensch, wenn der tot ist, erschrak Max. Bloß weg hier.

Aber er konnte den Andern doch nicht einfach liegen lassen. Unendlich viele Gedanken schossen ihm gleichzeitig durch den Kopf. Vor ein paar Wochen hatten sie in der Schule über Erste Hilfe gesprochen, einige Kinder mussten sich auf den Boden legen und tun, als ob sie ohnmächtig waren. Max hatte nicht viel behalten. Vorsichtig näherte er sich dem Fremden. Er beugte sich über das Gesicht und merkte, wie ein regelmäßiger, nach Alkohol stechender Atem, aus der Nase strömte. Zum Glück atmete der Mann. Stabile Seitenlage, fiel es Max ein. Gerrits Mutter war Ärztin. Sie hatte damals die Klasse besucht und den Kindern die Erste Hilfe erklärt. Gerrit hatte unheimlich angegeben, dass seine Mutter als Ärztin in die Schule kam und die Stunde über Erste Hilfe gab. Dieser Angeber von Gerrit! Aber jetzt war keine Zeit, um darüber nachzudenken. Stabile Seitenlage, kam es Max wieder in den Sinn. Er stellte ein Bein des fremden

Mannes auf und versuchte, ihn auf die Seite zu drehen. Der Andere war unheimlich schwer. Steif wie ein Brett lag er auf dem Boden und nebelte Max mit seinem Alkoholgeruch ein. Max keuchte, irgendwie musste er es schaffen.

Der pennt bloß, mach dir keine Mühe!

Max erschrak. Als er sich umdrehte, stand ein junger Mann hinter ihm. Er trug die langen Haare zu einem Pferdeschwanz gebunden, die Jeans waren an mehreren Stellen zerfetzt.

Ich heiße Ben. Wer bist du?

Mein Name ist Max, stotterte der Junge und sah den Anderen mit weit aufgerissenen Augen an. Ist das dein Kumpel?

Naja, ich kenne ihn erst eine Woche, antwortete Ben. Und du, bist wohl auf Trebe?

Aber nur heute, erwiderte Max, eigentlich muss ich jetzt nach Hause.

Das war natürlich gelogen, die Schule würde erst in drei Stunden enden.

Nun mal langsam, sagte der junge Mann. So früh hört keine Schule auf. Ich kenn' mich aus mit solchen Sachen, war doch früher selbst auf der Penne. Er steckte sich eine Zigarette an, die einen seltsamen Geruch verströmte.

Nach einigen Minuten wurde er unheimlich redselig. Ben sprach von Motorrädern, mit denen beide einmal um die Welt fahren würden, von coolen Typen, die er überall kannte, dass er in der Südsee nach Perlen tauchen und vor Australien Haifische jagen wollte.

Max schwieg nur. Er hatte es sich heute Morgen nicht träumen lassen, Stunden später zwischen zwei Männern zu sitzen, der Eine betrunken und der Andere seltsames Zeug redend.

Ich muss jetzt gehen, sagte Max. Meine Mutter guckt immer auf die Uhr, wenn ich nach Hause komme.

Schon gut, Kleiner, redete Ben. Kannst uns ja mal besuchen, wenn du wieder kein Bock auf Schule hast.

Mal sehen, erwiderte Max. Wie heißt eigentlich dein Kumpel?

Paule, antwortete der junge Mann. Die meisten nennen ihn aber Schnapsdrossel. Siehst ja, warum.

Jetzt endlich weg, dachte Max. Er stand auf, flitzte an Ben vorbei und sauste die Treppen herunter. Erst hundert Meter später bemerkte er, dass er seine Schultasche vergessen hatte.

So'n Mist! Aber umkehren würde er auf keinen Fall. Mensch, was würde Mutter sagen und Geld für eine neue hatte sie bestimmt nicht.

Gedankenversunken bog er um die nächste Ecke und verschwand zwischen den schmutzigen Fassaden der alten Mietshäuser.

Als Max klingelte, öffnete niemand. Vielleicht war der Strom wieder abgestellt. Er versuchte es noch einmal. Jetzt öffnete jemand hastig die Tür. Mutter stand vor ihm, sie sah müde aus, obwohl es erst am frühen Nachmittag war. Sie legte ihren Zeigefinger auf den Mund und zischelte leise: Sei schön ruhig, Max. Der Arzt hat gesagt, Vater braucht noch sehr viel Ruhe.

Geht die Klingel nicht?, fragte Max.

Sie ist so laut. Ich habe sie deshalb abgestellt.

Erst jetzt fiel es Max ein, dass Vater heute aus dem Krankenhaus entlassen werden sollte.

Schläft er?, fragte Max mit leiser Stimme.

Mutter nickte. Er ist noch sehr müde. Aber die Ärzte meinen, dass er kräftig genug ist, um nach Hause zu gehen. Außerdem brauchen sie wohl das Bett für andere, die noch kränker sind. Sie mussten sogar auf dem Flur Betten aufstellen.

Max nickte. Mutter erzählte noch etwas von 10 Euro Tagessatz, den sie für jeden Tag, den Vater im Krankenhaus war, bezahlen mussten, aber dass es nicht der Grund war, weshalb Vater aus dem Krankenhaus gekommen war.

Max hörte nicht mehr hin. Die Bilder der letzten Stunden schossen ihm durch den Kopf, dieser Ben, der jetzt zugekifft im Abrisshaus hockte. Und neben ihm sein Kumpel, den sie Schnapsdrossel nannten, der so tief schlafen konnte, dass man nicht mehr wusste, ob er überhaupt noch am Leben war. Ben erinnerte ihn an jemanden, er wusste nur nicht, an wen. Gedankenversunken lief Max in sein Zimmer.

Wo hast du denn deine Schulmappe?, sagte Mutter plötzlich als Max hinter der Zimmertür verschwand. Die ist bei Pit. Wir haben nach der Schule zusammen Hausaufgaben gemacht. Hab' glatt vergessen, die Mappe mitzunehmen.

Nicht so schlimm. Du gehst morgen etwas früher los und kannst die Schultasche von Pit abholen.

Okay, murmelte Max. Er warf sich auf sein Bett und stellte das Radio an. Rap-Musik drang aus dem Lautsprecher und verteilte sich in monotonen Wellen durchs Zimmer.

Max, was machst du denn da! Mutter war hinter ihm hergeeilt. Wieder legte sie den Zeigefinger auf den Mund.

Ach ja, Vater war doch wieder zu Hause. Und er brauchte Ruhe, viel Ruhe.

Sorry, entschuldigte sich Max, hab' ich ganz vergessen.

Mutter ging in die Küche, Max blieb allein zurück. Mit Charlotte hätte er jetzt gern gequatscht, aber sie war bei ihrer Freundin. Vater würde wohl bis morgen durchschlafen und Paulinchen würde ihn in dieser Situation nur abstressen. So blieb er auf dem Bett liegen und schmiedete Pläne, was er am nächsten Tag anstelle der Schule unternehmen würde.

Max war mit seinen Sachen eingeschlafen. Mutter hatte ihn nicht mehr geweckt, nur eine Decke über ihn gelegt. Als er am Morgen aufstand, saßen seine Eltern schon am Frühstückstisch. Im Korridor blieb Max stehen. Er konnte die Unterhaltung seiner Eltern aus der Küche hören.

Werden die vier Wochen Krankenhaus angerechnet?, fragte Mutter. Ich meine, auf die Zeit für die Arbeitslosenunterstützung.

Ich glaube nicht, erwiderte Vater.

Dann bekommst du noch vier Monate Unterstützung. Vielleicht einen Monat länger, wenn dich der Doktor noch krankschreibt.

Lass mal den Doktor, sagte Vater. Wenn der mich krankschreiben soll, muss er wissen, was ich arbeite. Soll ich dann sagen, dass ich seit über einem Jahr arbeitslos bin?

Du bist doch nicht der Einzige. Der Doktor hat bestimmt Verständnis. Und weitererzählen wird er es auch nicht.

Es entstand eine Pause, bis Mutter wieder das Wort ergriff. Ich glaube, wir müssen mit den Kindern sprechen. Charlotte und Max sind alt genug, um die Situation zu verstehen. Letzten Monat konnte ich Max das Milchgeld nicht geben. Charlotte möchte ständig neue Sachen haben wie ihre Freundinnen. Außerdem merken die Kinder sowieso etwas. Du kommst ihnen so verändert vor, warst früher viel lustiger, hast sooft mit ihnen herumgetollt.

Vater schwieg. Nach einer Weile sagte er: Du hättest einen anderen heiraten sollen, wär' dir viel erspart geblieben.

Mutter seufzte. Am schlimmsten war es, wenn Vater anfing, sich selbst zu bemitleiden.

Was du redest! Wir hatten doch schöne Jahre. Die vielen Erlebnisse mit den Kindern. Außerdem wird es auch wieder anders. Du musst nur daran glauben.

Wenn sich in vier Monaten nichts ändert, müssen wir zum Sozialamt. Vater sagte es mit leiser Stimme, als wenn ihm jedes Wort Stiche bereitete. Vorher würde ich mir den Strick….

Was du redest, unterbrach ihn Mutter erbost. Sind schon ganz andere zum Sozialamt gegangen. Du kannst doch nichts dafür, dass du arbeitslos bist. Wenn du eine Stelle hättest, würdest du auch arbeiten.

Bist du fies, die Eltern zu belauschen! Als Max sich umdrehte, stand Charlotte hinter ihm. Wie lange, wusste er nicht, aber sie hatte anscheinend kaum etwas von der Unterhaltung mitbekommen.

Ich wollte sie nicht stören, sagte Max und ging in die Küche. Seine Schwester folgte ihm.

Max hatte seinen Vater noch nie wie heute gesehen. Das Gesicht war weiß wie eine frisch gestrichen Kalkwand. Vater hatte Mühe, auf dem Stuhl aufrecht zu sitzen. Wenn er den Löffel zum Mund führte, begannen seine Hände zu zittern.

Geht mal frühstücken, sagte Mutter, ich glaube, Vater muss sich wieder hinlegen.

Wortlos gingen die Eltern an den Kindern vorbei. Vater musste sich an den Möbeln festhalten.

Max hatte keinen Appetit mehr. Ich muss ein bisschen früher weg, von Pit die Schultasche holen,
sagte er.
Er verschwand aus der Haustür und stolperte wortlos die Haustreppen hinunter.

Max hatte sich einen kleinen Plan zurechtgelegt, was er vormittags unternehmen wollte. Er setzte sich in die U-Bahn und fuhr Richtung Stadtmitte. Unter den vielen Menschen fiel es am wenigsten auf, wenn er vormittags nicht in der Schule war. Am Hauptbahnhof stieg er aus. Hier wimmelte es von Menschen. Einige schleppten schwere Koffer und hasteten damit die Treppen hoch. Auf einer riesigen schwarzen Tafel standen die Abfahrtszeiten der Züge. Max wollte sich bei der Gelegenheit unbedingt den ICE ansehen. Gerrit hatte vergangene Woche in der Schule damit angegeben, dass er mit dem ICE gefahren war. Max lief zum Bahnsteig 2, dort sollte der Zug in 15 Minuten abfahren. Auf dem Bahnhof sah er andere Kinder, die scheinbar ziellos zwischen den Erwachsenen hin und her liefen. An einigen Plätzen saßen Männer in zerlumpten Mänteln auf der Erde, an die kalte Wand gelehnt, umgeben von Plastiktüten und leeren Flaschen.

Plötzlich spürte Max, wie ihn jemand von der Seite anrempelte. Als er hochblickte, sah er einen jungen Mann mit langen Haaren, der ihn an Ben erinnerte, den er im Abrisshaus kennengelernt hatte. Der Mann griff in die Tasche, holte ein kleines Plastiktütchen, etwa so groß wie eine Briefmarke, heraus und hielt es Max unter die Nase.

Wenn de fünf nimmst, bekommste eins umsonst, sagte er.

Max kapierte nicht, was der Fremde wollte. Er schwieg und lief einfach weiter. Dem Anderen schien es ohnehin egal. Er ging einige Schritte vorwärts und sprach einen anderen Jungen an.

Auf dem Bahnsteig 2 stand Max endlich vor dem modernen ICE-Zug. Die Scheiben waren verdunkelt, sodass man nicht nach innen sehen konnte. Die Rahmen der Fenster glänzten, als wenn sie jemand tagelang poliert hatte. So sehr hatten nicht einmal die Gläser geglänzt, wenn die Eltern früher ab und zu Besuch bekamen. Ohne zu zögern stieg Max in den Zug. Drinnen war es fast leer.

Hin und wieder saß ein gut gekleideter Fahrgast auf einem der Plätze und las Zeitung. Gerrit hatte nicht übertrieben, die Sitze waren bequemer als die Sessel, die bei Max zu Hause im Wohnzimmer standen.

Der Junge blickte sich um. Von dieser Stelle aus konnte ihn niemand sehen. Er ließ sich in einen der Sitze fallen und schaute nach draußen. Irgendwo hinter den vielen Straßen war ihre Wohnung. Vater würde jetzt bestimmt schlafen, Mutter vielleicht am Küchentisch sitzen, den Kopf auf die Hände gestützt. Max schloss die Augen und träumte unwillkürlich vor sich hin ....

Nach einer Weile setzt sich eine Dame neben ihn.
Verzeihung, ist hier noch frei?
Bitte schön, antwortet Max, ich reise allein.
Ich auch, erwidert die Dame und nimmt Platz. Wie weit fahren Sie, wenn ich fragen darf?
Bis Hamburg, antwortet Max. Ich besuche meine Eltern. Mein Vater ist an die See gezogen, wegen seiner Gesundheit. Außerdem habe ich geschäftlich in Hamburg zu tun.

Mein Mann war auch immer unterwegs, sagt die Dame. Es gab Zeiten, da habe ich ihn mehrere Wochen nicht gesehen.

Man kann sich daran gewöhnen, erwidert Max. Ich habe früher ein Internat in der Schweiz besucht und meine Eltern nur zweimal im Jahr während der Ferien gesehen. Der Mensch gewöhnt sich an alles.

Leider, seufzt die Frau. Wie alt sind Sie, wenn ich fragen darf. Ich glaube, Sie könnten mein Sohn sein.

Max schüttelt den Kopf. Über das Alter spricht man nicht, jedenfalls, wenn einer so alt ist wie ich.

Ich möchte wetten, dass ich es auch so herausbekomme, sagt die Frau. Ich kann alles aus der Hand lesen.

Max spürt, wie die Dame seine Hand nimmt. Aufmerksam studiert sie die Linien auf seinen Handflächen. Auf einmal werden ihre Augen immer größer und ihr Gesicht verwandelt sich in eine grinsende Fratze.

Sie haben nie ein Internat in der Schweiz besucht, sagt die Frau mit hämischem Grinsen. Und ihre Eltern wohnen nicht an der See, sondern in einer Hinterhofwohnung.

Max wird rot wie eine überreife Tomate. Erlauben Sie mal, was fällt Ihnen ein, sagt er erbost und steht auf.

Als Max geradeaus blickte, war die Dame verschwunden. Stattdessen stand der Schaffner vor ihm. Reist du allein, fragt er mit ernster Miene?

Max kniff sich ins Bein, um richtig wach zu werden.

Äh, meine Eltern sitzen im ersten Waggon, stotterte er. Mir war gerade so schwindlig. Ich hab' mich nur einen Moment hingesetzt.

Der Schaffner sah ihn ungläubig an. Und die Fahrkarte, fragte er, die haben wohl deine Eltern?

Max nickte. Aber ich gehe jetzt zu ihnen.

Der Schaffner sah ihm zweifelnd hinterher.

Als Max an der Tür war, sprang er heraus und flitzte den Bahnsteig hinunter. Er wagte nicht, sich umzudrehen. Vielleicht war ihm der Schaffner dicht auf den Fersen.

Doch Max hätte keine Angst zu haben brauchen. Der Schaffner schritt ruhig den Waggon ab und kontrollierte die Fahrkarten der anderen Passagiere.

Jetzt lungern die schon in den Zügen herum, sagte ein älterer Herr zum Schaffner. Nicht genug, dass die Bahnhöfe voll sind von diesem Gesinde. Zu meiner Zeit gab es so etwas nicht.

Ich weiß auch nicht, wo das noch hinführen soll, erwiderte der Schaffner. Mehr sagte er nicht.

Die Türen schlossen sich, der ICE setzte sich in Bewegung und jagte dem Jungen hinterher, der den Bahnsteig entlangflitzte.

Als Max die U-Bahn erreichte, war er völlig außer Atem. Zum Glück stand gerade ein Zug auf dem Bahnhof, doch der Schaffner hatte schon "Zurückbleiben " gerufen. Max blieb keine Zeit zum Überlegen, möglicherweise war doch jemand von der Bahn hinter ihm her. Mit einem Satz sprang er in die U-Bahn, als die Türen gerade zuschlugen. Mit dem linken Fuß blieb Max im Türspalt hängen und fiel vornüber. Der Zug setzte sich in Bewegung, doch Max' Fuß hing draußen. Geistesgegenwärtig sprang ein Mann auf und versuchte, die Türen auseinanderzudrücken. Mit einem heftigen Ruck riss Max sein linkes Bein nach vorn. So gelang es ihm, den Fuß aus dem Spalt zu bekommen. Dabei verlor er aber seinen Schuh, der jetzt nur noch am Schnürsenkel im Türspalt klemmte und draußen an der Tür baumelte. Dann verschwand der U-Bahnzug im schwarzen Tunnel.

Ist dir was passiert?, fragte der hinzugeeilte Mann. Max schüttelte den Kopf. Vielen Dank, sagte er. Als er aufsah bemerkte er, wie ihn alle anderen Fahrgäste anstarrten. Einige steckten die Köpfe zusammen und tuschelten miteinander, ohne dass Max etwas verstand. Ihm war die Situation noch unangenehmer als im ICE. Draußen schlug im regelmäßigen Takt der Schuh gegen die Tür. Das hätte mein Fuß sein können, dachte Max. Er wurde kreidebleich. Vielleicht war es gut, dass er schlecht aussah, denn so hatten die meisten Mitleid mit ihm und keiner wagte, zu schimpfen.

Zwei Minuten später fuhr der Zug in den nächsten Bahnhof ein. Max öffnete vorsichtig die Tür, griff nach dem Schuh und verließ die U-Bahn. Noch eine Station wollte er sich den vorwurfsvollen Blicken der anderen nicht aussetzen. Er wartete einen Zug ab und fuhr dann weiter.

Der halbe Vormittag war vorbei. Für zu Hause war es zu früh, außerdem musste er noch die Schultasche aus dem verlassenen Abrisshaus holen. Vom Bahnhof waren es nur wenige Minuten bis zum alten Gebäude.
Weit und breit war niemand zu sehen.

Leise lief Max die Treppe hinauf. Er wollte sich erst vergewissern, ob dieser Ben und der andere Mann im Haus waren. Er hörte keine Stimmen.

Als Max die Tür aufdrückte, bekam er einen Riesenschreck, aber Schrecken war er inzwischen gewöhnt.

Auf dem Boden lag Ben, zusammengekrümmt wie ein Hering, regungslos wie ein Stein. Von dem Anderen, den sie Schnapsdrossel nannten, fehlte jede Spur.

Ben, was ist denn los!, schrie Max.

Doch Ben antwortete nicht. Seine Augen waren weit aufgerissen, die Kinnlade nach unten gefallen, vor dem Mund lag Erbrochenes. Neben dem Arm eine Spritze mit blutverschmierter Kanüle.

Mensch, der ist tot, schoss es Max durch den Kopf. Bloß die Schultasche nehmen und nichts wie weg.

Im selben Augenblick näherten sich Autos mit heulenden Sirenen dem Gebäude. Ein roter Notarztwagen, gefolgt von einem grünen Polizeiauto, sausten auf das alte Haus zu.

Wenn die dich hier finden. Max sprang in den alten Küchenschrank, der zum Glück groß genug war und schlug die Tür hinter sich zu. Im selben Augenblick stürmten mehrere Männer die Treppe hoch und rissen die Tür auf.

Zwei weißgekleidete Männer stürzten sich auf den leblosen Ben. Einer zog sich Plastikhandschuhe über und räumte das Erbrochene aus Bens Mund. Dann legten sie ihn auf den Rücken und begannen, sich regelmäßig auf Bens Brustkorb aufzustützen.

Diese Junkies, sagte der andere und schob Ben einen dicken Schlauch in die Nase. Dann pumpte er mit einem Beutel wie mit einem Blasebalg Luft in Bens Lungen. Nach einer Weile legten sie Ben auf die Trage.

Ob wir den nochmal zurückkriegen?, sagte einer der Sanitäter.

Sie eilten mit der Trage die Treppe hinunter und der Notarztwagen verschwand mit quietschenden Rädern im dunklen Häusermeer. Nur die beiden Polizisten blieben zurück. Max konnte sie durch ein Loch in der Schranktür genau beobachten. Er wagte es nicht, zu atmen.

Wir werden uns mal ein bisschen umsehen, sagte einer von beiden. Der Typ war vielleicht ein Dealer und hat hier sein Lager.

Oder auch sein Geld, sagte der andere. So'n richtiger Dealer macht mehrere hundert Euro am Tag.

Für Max war alles verloren. Es war nur eine Frage der Zeit, bis einer der Polizisten an der Schranktür war und was er dann sagen würde, wusste selbst Max nicht.

Woher stammt eigentlich der Tipp von der Wohnung?, fragte der eine Polizist seinen Kollegen.
So'n Besoffener hat in der Zentrale angerufen und erzählt, dass hier ein Fixer liegt. Hat was vom goldenen Schuss gefaselt.

Du kannst nebenan anfangen, sagte der ältere Polizist. Ich werde mich in der Küche umsehen.
Max hörte, wie in den Nachbarzimmern die Schranktüren aufgerissen wurden. Der Polizist in der Küche hatte es nicht sonderlich eilig. Max beobachtete, wie er sich eine Zigarette ansteckte und graue Wolken ins Zimmer blies. Paul, komm mal!
Der Polizist aus der Küche warf die Zigarette auf den Boden und trat den Glimmstängel aus. Er verschwand im Nebenzimmer.

Kurz darauf kehrten beide in die Küche zurück. Sie hatten einige Tüten mit weißem Pulver in der Hand, außerdem einen prallgefüllten Beutel, aus dem Geldscheine herausragten.

Weißt du Paul, wenn sich jeder von uns ein paar Scheine nimmt, merkt kein Mensch was.
Paul schüttelte den Kopf. Du bist wohl verrückt. Ich habe eben nichts gehört, verstehst du. Und deine Taschen werde ich auch nicht kontrollieren. Was du machst, ist dein Bier, aber lass mich da raus.
Schon gut, beschwichtigte der andere Polizist, war doch nur ein kleiner Spaß.

Hast du was in der Küche gefunden?

Nein, aber wir können nochmal zusammen nachsehen.

Sie legten die Tüten aus der Hand und bewegten sich auf den Küchenschrank zu, in dem Max hockte.

Auf einmal hörte Max einen Piepton.

Warte mal, sagte der Polizist, der Paul hieß, Telefon.

Er nahm das Funktelefon in die Hand und lauschte.

Raubüberfall, rief er plötzlich zu seinem Kollegen, keine zwei Straßen von hier entfernt.

Die beiden griffen nach den Tüten und stürmten aus der Wohnung. Max atmete erleichtert auf. War gerade noch mal gut gegangen. Zur Sicherheit wartete er einige Minuten und kroch dann aus seinem Versteck. Viele Gedanken schossen ihm durch den Kopf. Vielleicht hatten die Polizisten ein Versteck übersehen und irgendwo lag noch ein Geldbeutel. Aber war wohl besser, abzuhauen. Wenn Ben alles überlebte, würde er irgendwann zurückkommen. Und wenn er dann das Geld nicht fand, würde er womöglich ihn in Verdacht haben.

Max nahm seine Schultasche und verließ vorsichtig die alte Wohnung. Was er auf der Treppe sah, verschlug ihm den Atem. In ihrer Eile hatten die Polizisten einige Geldscheine verloren. Er hob sie auf und steckte sie mit zitternder Hand in die Tasche. Langsam machte er sich auf den Heimweg. Zu Hause wollte er sich in Ruhe überlegen, was er mit dem Geld anfing. Der aufregende Vormittag hatte wenigstens ein versöhnliches Ende gefunden.

Die nächsten Tage verliefen ohne Besonderheiten. Max ging wieder in die Schule. Sein Klassenlehrer hatte beim Entschuldigungszettel keinen Verdacht geschöpft, obwohl er sich etwas gewundert hatte, dass der Zettel, bis auf die Unterschrift, mit Schreibmaschine geschrieben war. Gerrit wärmte die Geschichte mit der Hose nicht mehr auf.

Am Freitag ging Max zusammen mit Pit nach Hause. Pit war sein bester Freund. Bisher hatte er ihn noch nie im Stich gelassen. Vor der Haustür sah Pit Max nachdenklich an. Hey Alter, ich muss dir noch was sagen.
Was ist denn los?, fragte Max.
Kennt Gerrit eigentlich deine Mutter?, wollte Pit wissen.
Ich glaube nicht. Wieso denn?
Eigentlich wollte ich es dir nicht erzählen, aber besser als wenn du es von Gerrit erfährst.
Was ist denn mit meiner Mutter?, fragte Max. Auf meine Mutter lass ich nichts kommen, verstehst du.
Mal langsam Max, ich hab überhaupt nichts gegen sie. Weißt du eigentlich, was eine Wohlfahrtsküche ist?
Du meinst, wo die Penner und Obdachlosen für 'ne Suppe anstehen?
Pit nickte.
Gestern hab ich deine Mutter in der Schlange gesehen.
Max packte seinen Freund am Kragen: Du spinnst doch. Wir hätten das nie nötig!

Beruhige dich Max! Ich will doch nur dein Bestes. Hab' lange nachgedacht, ob ich es dir erzählen soll. Aber du solltest Bescheid wissen, falls Gerrit damit anfängt.

Max schluckte. Er konnte es nicht glauben. Seine Mutter stand nach Essen an. Sie aßen das gleiche Zeug, das die Obdachlosen umsonst aus dem großen Kochkessel bekamen.

Wann war das?, fragte Max mit stockender Stimme. Ungefähr um diese Zeit. Du weißt doch, wo die Wohlfahrtsküche ist oder?

Max nickte. Tut mir leid von vorhin und vielen Dank.

Hey, gib 'nen Shake Alter, sagte Pit, um seinen Freund etwas aufzumuntern.

Doch Max reagierte nicht. Ohne ein weiteres Wort machte er kehrt und verschwand hinter der nächsten Hausecke.

Vor der Wohlfahrtsküche befand sich eine kleine Parkanlage. Max setzt sich auf die Bank und musterte die Schlange der wartenden Menschen. Zunächst konnte er nichts erkennen, dann fiel sein Blick auf eine Frau, die ein Kopftuch trug, das sie tief ins Gesicht gezogen hatte. Max sah genauer hin. Jetzt erkannte er die eingefallenen Gesichtszüge seiner Mutter. Sie stand zwischen zwei Männern, die alte Mäntel trugen und Plastiktüten in der Hand hielten.

Max schluckte. Er beobachtete die Menschenschlange, die sich langsam in das dampfende Gebäude schob. Dann war auch seine Mutter hinter der grauen Mauer verschwunden. Der Junge wischte sich Tränen aus dem Gesicht. Er wusste nicht, ob er aus Wut oder Mitleid heulte, er wusste überhaupt nichts mehr. Benommen stand Max auf und machte sich auf den Heimweg. Er achtete nicht auf die anderen Menschen, ab und zu rempelte er jemanden an, ohne sich zu entschuldigen. Als er um die nächste Ecke bog, stieß er beinahe mit einer Frau zusammen, die ein Kopftuch umgebunden hatte und einen dampfenden Kanister in der Hand hielt.

Max, was machst du denn hier? Mutter schien verlegen. Hast du schon Schluss? Woher kommst du eigentlich? Dein Schulweg ist doch ganz woanders.

Max konnte nicht antworten. Erst jetzt entdeckte Mutter sein verheultes Gesicht. Hast mich beobachtest?

Max nickte stumm.

Irgendwann musstest du es ja erfahren. Sie stellte den Kanister auf den Boden und drückte den Jungen fest an sich. Ich wünschte, es wäre anders, aber ohne die Wohlfahrtsküche kommen wir nicht über die Runden.

Ist schon gut, erwiderte Max, du kannst nichts dafür.

Irgendwie überkam ihn ein riesengroßes Mitleid. Max nahm den Kanister vom Boden. Ich trag ihn schon, ist doch zu schwer für dich.

In diesem Moment war es Max auf einmal egal, ob sie Gerrit oder Jenny oder irgendeinem anderen begegneten. In diesem Moment zählte für ihn nur seine Mutter.

Nächste Woche begannen die Ferien. In der Schule drehten sich die Gespräche nur noch um die Reiseziele. Einige unternahmen mit ihren Eltern eine Flugreise, verschiedene Klassenkameraden von Max fuhren ans Meer. Gerrit flog mit seiner Mutter nach Kanada, wo sie ein Ferienhaus besaßen. Max stand an diesen Tagen öfter abseits. Die Zeit vor den Ferien konnte er noch relativ leicht überbrücken, entweder er beteiligte sich nicht an den Gesprächen oder er erwähnte frühere Reisen, die sie unternommen hatten und dass seine Familie vielleicht wieder dorthin fahren würde. Nach den Ferien war es nicht mehr so einfach. Dann wurden die ersten Schultage damit zugebracht, im Unterricht über die Ferienerlebnisse zu erzählen. Das bedeutete wieder, zwei oder drei Tage fehlen, wieder in der Stadt umherirren, wieder selbst einen Entschuldigungszettel schreiben.

Doch zuerst bedeuteten die Ferien, dass Max den ganzen Tag zu Hause war. Er hatte viel Zeit für sich, Mutter erwartete aber auch, dass er mehr Aufgaben übernahm. Einmal in der Woche musste die Familie das Treppenhaus fegen, wischen und bohnern. Während der Ferienzeit fiel diese Aufgabe Max zu. Gerrit bekäme sein Lästermaul nicht zu, wenn er ihn bei dieser Arbeit sehen würde.

Gerrit musste nie Hausarbeiten verrichten, kein Staubsaugen, kein Treppenhaus kehren, nie Einkaufen gehen. Eine Haushälterin besorgte die Wirtschaft, sie war sogar angehalten, jederzeit auf Gerrits Sonderwünsche einzugehen.

Vater war gesundheitlich wieder einigermaßen auf dem Posten. Während der Schulzeit war Vater meist noch zu Hause, wenn Max sich auf den Weg machte, und nachmittags war er oft bereits zurück, bevor die Kinder aus der Schule kamen. Max hatte seinen Vater nie gefragt, wo und was er arbeitete. Warum eigentlich? Er wusste es nicht. Es war ein Thema aus der Erwachsenenwelt, das die Kinder nichts anzugehen schien.

Max, ich habe eine Bitte. Mutter stand in der Zimmertür, in der Hand den großen eckigen Messingkanister.

Ich kann heute nicht weg, sagte sie, Paulinchen ist krank, sie fiebert schon den ganzen Tag. Auch wenn es dir schwerfällt, kannst du heute in die Wohlfahrtsküche gehen?

Max schluckte. Damals war alles so anders gewesen. Zuerst hatte er es nicht fassen können, als er seine Mutter in der Schlange stehen sah. Doch dann hatte er auf einmal dieses riesengroße Mitgefühl bekommen und trotzig, beinahe stolz, ihr den Kanister nach Hause getragen. Dieses Erlebnis war jedoch in weite Ferne gerückt. Abgefunden hatte er sich mit dem Gedanken, woher das Essen kam. Aber jetzt mit dem Kanister durch die Straßen laufen, wo die meisten Freunde noch nicht verreist waren und sich irgendwo in der Gegend herumtrieben?

Er sah seine Mutter an, auf einmal sah er sie wieder mit dem Kopftuch, das sie tief ins Gesicht gezogen hatte.

Ich geh gleich, sagte Max.

Als seine Mutter aus dem Zimmer war, kramte er eine Holzschachtel aus dem Schreibtisch vor. Er öffnete sie, seine Ersparnisse betrugen 310 Euro. Noch 20 Euro fehlten für das Skateboard. Er wollte sich wenigstens ein Skateboard kaufen und fahren lernen, während seine Freunde nach Spanien, Italien oder Kanada reisten.

Max nahm den Blechkanister, der ihn wie eine grinsende Fratze anstarrte und verließ die Wohnung. Unten angekommen lief er nicht zur Haustür, sondern noch eine Treppe tiefer in den Keller, wo er den grinsenden Kanister in die dunkelste Ecke warf, die er finden konnte. Danach verließ Max das Haus.

Draußen war es ungemütlich. Der Wind peitschte Regentropfen gegen die Häuserwände und wirbelte den noch trocken gebliebenen Staub aus den Häuserecken in die Luft. Die Menschen suchten unter Toreinfahrten Schutz, viele verschwanden hinter Ladentüren, um einfach im Trockenen zu sein. Max zog sich die Kapuze über den Kopf und lief den leeren Bürgersteig entlang. Vor einer Pizzeria machte er halt und ging ins Restaurant.

Drinnen war es fast leer. Sofort kam ein Kellner auf ihn zugestürzt und musterte ihn mit skeptischer Miene von oben bis unten.

Kann ich bei Ihnen Pizza bekommen?, fragte Max. Der Kellner lachte. Pizza? Jede Menge kannst Du haben, Amigo. Nimm Platz, gleich kommt die Karte. Max schüttelte den Kopf. Ich will keine Pizza haben, ich meine, ich möchte sie nicht hier essen. Können Sie mir die Pizza einpacken?

Natürlich Amigo. Setz Dich. Ich bringe die Karte und Du suchst aus, was wir ·einpacken sollen.

Lange studierte Max die Speisekarte. Schließlich endschied er sich aus mehreren Gründen, viermal die billigste Pizza zu nehmen. Dazu einen kleinen gemischten Salat. Mutter mochte Salat unheimlich gern und Salat gab es bei ihnen ziemlich selten zu essen, weil das Gemüse zu teuer war.

Nach einer halben Stunde kam der Kellner mit einem Karton zurück. Auf der Pappe stand der Name der Pizzeria Der Kellner legte einen Zettel neben Max, die Rechnung, 28 Euro. Max schluckte. Er hatte es zwar vorher ausgerechnet, aber jetzt, wo die Zahl vor ihm lag, wirkte sie viel gewaltiger. Er

legte 30 Euro auf den Tisch, auf zwei Euro Trink-
geld kam es jetzt auch nicht mehr an.

Grazia, Amigo! verbeugte sich der Kellner. Er öffnete die Tür und Max trat mit dem dampfenden Karton nach draußen in den Regensturm.

Zu Hause angekommen, lief Max in den Keller. Er
holte den alten Blechkanister hervor, packte die
Pizza aus und stopfte alles in den Kanister. In einer
Ecke raschelte es. Wahrscheinlich eine Ratte, ver-
mutete Max, ihr war der leckere Duft nicht verbor-
gen geblieben. Er brach ein kleines Stück vom Piz-
zateig und warf es, soweit er konnte. Der schwarze
Schatten huschte an seinen Füßen vorbei und verschwand in der Dunkelheit. Max beeilte sich, hoch-
zukommen. Er hasste den dunklen, dreckigen Keller, in dem sich Unrat und Kohlen stapelten. Max
begab sich in den Hof, um die Pizzakartons in die
Mülltonne zu werfen. Draußen war es bereits dunkel, vom Hof aus sah Max die Silhouette seiner
Mutter hinter der Küchengardine.

Der Junge hatte gerade die Mülltonne geschlos-
sen, als jemand den Hof betrat. Im ersten Moment
hatte er das Gefühl, es sei besser, sich zu verstecken. Er kroch hinter die Mülltonne und nahm die
beiden Schatten ins Visier, die die Hoftür geöffnet
hatten. Mit jedem Schritt konnte er die Umrisse
besser erkennen.

Ich leer noch meine Taschen aus, dann muss ich
nach oben, sagte das Mädchen.

Max stutzte. Beinahe vor ihm, nur getrennt von der
Mülltonne, stand Charlotte, seine Schwester. Neben ihr ein Typ, den er noch nie gesehen hatte. In

der einen Hand eine Zigarette, mit der anderen umarmte er seine Schwester.

Charlotte hob den Mülldeckel, das angesammelte Wasser ergoss sich im Schwall über Max, der hinter der Tonne hockte.

Lass das, sagte Charlotte, meine Mutter steht in der Küche. Vom Fenster kann sie alles sehen.

Dieser Kerl hatte es gewagt, Charlotte zu küssen. Max hätte ihm eine Pizza ins Gesicht klatschen können, aber warum eigentlich?

Riecht gut hier, sagte der Typ.

Hast wohl 'nen Knall, entgegnete Charlotte, hier stinkt's nach Müll.

Mensch, ich meine den Pizzageruch, merkste nichts?

Charlotte schüttelte den Kopf. Na und! Also, ich muss jetzt nach oben. In zehn Minuten gibt's Essen. Mein Alter mag es nicht, wenn ich zu spät komme.

Charlotte und dieser Typ entfernten sich wieder. Max wartete, bis der Schatten seiner Schwester hinter der Küchengardine auftauchte, dann kroch er aus seinem Versteck.

Du hast aber lange gebraucht, empfing ihn Mutter.

Kannst dir gar nicht vorstellen, wie viele angestanden haben, und das im Regen, erwiderte Max.

Mutter drückte ihn. Ich bin stolz auf dich. Ich glaube, andere Jungs hätten sich nie getraut, vor der Suppenküche anzustehen. Dabei rollte ihr eine einzige Träne über die Wange.

Max schämte sich. Er war wirklich ein Feigling, ein Schaumschläger, und Mutter war stolz auf ihn …

Aber er musste das Spiel weiterspielen, ihre Situation war schwierig genug, er wollte ihr eine neue Enttäuschung ersparen.

Mutter öffnete den Deckel des Kanisters. Sie war erstaunt. So etwas hatte es noch nie gegeben.

Das ist ja toll, sagte sie überrascht, und ein ganzer Teller Salat!

Sie nahm eine Gurkenscheibe, tunkte sie in die Salatsoße und biss genüsslich hinein.

Max, du bist ein Schatz, wiederholte sie, wenn es dich nicht gäbe!

Nach dem Abendessen blieben Max und sein Vater noch am Tisch sitzen.

Du hast jetzt Ferien?

Max nickte.

Ich habe seit Ewigkeiten deine Schultasche nicht mehr durchgesehen. Läuft alles in der Schule?

Max nickte.

Sehr gesprächig bist du nicht, fuhr Vater etwas ungeduldig fort.

Max war ebenfalls leicht gereizt. Warum musst du immer meine Schulmappe kontrollieren? Vertraust du mir nicht?

Das hat mit Vertrauen nichts zu tun. Ich habe meine Erfahrung. Ich will dir doch nur helfen.

Wenn du mir helfen willst, kannst du mit uns verreisen. Alle aus meiner Klasse verreisen, nur ich muss zu Hause bleiben.

Das saß! Max hatte es nicht gewollt, es war ihm einfach herausgerutscht.

Vater schwieg. Eine lange, lange Zeit, die Max wie eine Ewigkeit vorkam, sprach er kein Wort.

Dann stand er auf. Gute Nacht! Es war das Einzige, was er noch sagte, bevor er den Raum verließ. Max spürte, wie ihm jedes Wort schwerfiel.

Er hätte im Erdboden versinken können. Aber warum hatte es ausgerechnet seine Familie getroffen, warum nicht Gerrit oder irgendeinen anderen?

Was war denn los? Mutter erschien in der Küche und blickte den Jungen fragend an.

Ach nichts, ich hab' Vater nur gefragt, ob wir mal wieder verreisen.

Mutter schluckte. Ihre Hände vergruben sich in der Schürzentasche. Gedanken flogen ihr durch den Kopf, all die früheren Reisen, als die Kinder noch klein waren, Österreich, Italien, Schweiz, die Urlaube am Meer. Seit zwei Jahren fühlte sie sich in der Wohnung gefangen, wie in einem Käfig. Jeden Tag die gleichen grauen Wände, die schmutzige Straße, die kläffenden Hunde.

Geh jetzt schlafen, Max, sagte sie leise, es war für alle ein anstrengender Tag.

Geht's Paulinchen besser mit dem Fieber?

Mutter reagierte kaum. Sie drückte ihn kurz, doch Max hatte das Gefühl, seine Mutter war kilometerweit entfernt, obwohl sie sich doch im selben Raum befanden.

So ein bekloppter Tag: zu feige, um sich bei der Suppenküche anzustellen, 30 Euro vom Skateboardgeld für Pizzas ausgegeben, wie sich Mutter über den Salat gefreut hat, der Mistkerl, der Charlotte einfach geküsst hatte, Vater, der schweigend aus der Küche gegangen war, Mutter, die neben ihm stand und doch kilometerweit weg war, Ferien, alle konnten verreisen, er hatte seine eigenen Ferien ...

Am nächsten Morgen schien alles vergessen. Vater war am Frühstückstisch direkt ein bisschen lustig. Einmal kniff er Mutter sogar in den verlängerten Rücken und Mutters Gesicht überzog sich für einen Augenblick mit einem Lächeln, das sie viel jünger aussehen ließ.

Vater war richtig angezogen, als wollte er jeden Moment die Wohnung verlassen, am Tisch stand seine Aktentasche. Max ließ sich von der guten Stimmung anstecken.

Sag mal Dad, wo arbeitest du eigentlich?

Im selben Moment war wieder diese komische Stimmung von gestern Abend spürbar. Mutters Lächeln war verschwunden, Vater starrte für einen Augenblick regungslos aus dem Fenster.

Max, du weißt doch, welchen Beruf ich habe.

Natürlich wusste Max, welchen Beruf Vater gelernt hatte, aber er wusste nicht, wo und was er jetzt arbeitete. Es war wohl besser, nicht weiter zu fragen.

So Kinder, ich muss jetzt los.

Vater erhob sich, nahm die Aktentasche und ging zur Tür.

Ich bringe dich noch zur Straße, sagte Mutter und folgte ihm. Draußen unterhielten sich die Eltern.

Wir sollten endlich mit den Kindern sprechen, hörst du?

Vater war schweigsam. Lass uns noch etwas warten. Vielleicht ändert sich bald was.

Wohin gehst du?

Ich muss Verschiedenes erledigen. Außerdem will ich aufs Arbeitsamt. Möglicherweise gibt es neue Stellen in meiner Sparte.

Viel Glück! Lass den Kopf nicht hängen! Weißt du, wir müssen mit den Kindern etwas unternehmen. Sie sollen wenigstens das Gefühl haben, dass Ferien sind.

Ja, du hast recht. Lass uns am Wochenende für zwei Tage an die See fahren. Ich suche abends das Zelt zusammen. Mutter nickte. Wann bist du zurück?

Ich weiß noch nicht. Wird aber bestimmt erst abends sein.

Oben am Fenster stand Max und beobachtete die Eltern. Er fasste einen seltsamen Plan, den er morgen ausführen wollte. Erst einmal musste er zu Pit, bevor sein Freund in die Ferien fuhr. Am besten würde er sich gleich auf den Weg machen.

Max stürzte aus dem Haus. Auf der Treppe begegnete er Mutter, die ihn noch zurückhalten wollte. Als er auf die Straße kam, war Vater schon verschwunden. Hinter irgendeinem dieser tristen Häuser lief er und Max wusste nicht, wohin.

Er schlug den Weg zu Pit ein. Nach einer Stunde kam er mit einer großen Plastiktüte von seinem Freund zurück.

In den folgenden Tagen fand Max heraus, dass sein Vater meistens denselben Weg nahm, der ihn zur nächsten U-Bahnstation führte. Weiter folgte er ihm nicht, noch nicht.

Am Freitag verließ er vor seinem Vater das Haus. Der Weg führte an dem alten Abrisshaus vorbei. Dort hatte Max die Tüte mit den Sachen von Pit deponiert, Jeans mit Löchern an den Knien, weiße Markenturnschuhe, eine Jacke mit schwarzen Tags auf dem Ärmel, Mütze mit dem Emblem der Chicago-Bulls.

Max wechselte die Kleidung und wartete, bis sein Vater vorbeikam. Zehn Minuten musste er warten. Als Vater hinter der Häuserecke verschwunden war, verließ Max das alte Haus und folgte ihm aus sicherer Entfernung. Manchmal überkam ihn das Gefühl, er würde etwas Verbotenes tun, aber im Grunde genommen hatte er doch nichts Schlechtes im Sinn. Vater war in letzter Zeit so verändert, und er würde herausbekommen, woran es lag. Die folgenden Tage hielt Max in seinem Tagebuch fest.

Freitag, 6. August
Vater bis zur U-Bahn gefolgt. Zweimal umgestiegen, beinahe aus den Augen verloren. Stadtmitte ausgestiegen. Verschwand in einem großen Gebäude, irgend so eine Behörde. Namen vergessen. Nach zwei Stunden wieder draußen, sonst nichts Besonderes.

Montag,9.August

Diesmal mit dem Bus gefahren - saß fünf Reihen hinter ihm - lange im Park spazieren gegangen - auf einer Bank seine Aktentasche ausgepackt, Frühstücksbrot aufgegessen - weiß immer noch nicht, wo Vater arbeitet - vielleicht hatte er heute frei - aber warum dann nicht zu Hause geblieben?

Dienstag, 10. August

Wieder in der U-Bahn gefolgt, beim Umsteigen aus den Augen verloren.

Mittwoch, 11. August

Vier Stationen mit der U-Bahn - zum Glück kein Umsteigen - ist zu einem großen Haus gelaufen, vor dem Hunderte von Menschen warteten - hoffentlich erfährt es Mutter nicht, es war das Arbeitsamt - hätte uns doch was sagen können; nach zwei Stunden abgezogen, Vater war noch immer drin - Mensch, was habe ich mir da eingebrockt!

Am Donnerstag folgte Max wie immer seinem Vater. Bis auf die Jacke hatte er die Sachen gewechselt, sonst wäre es mit der Zeit zu auffällig geworden. Vater stieg in die U-Bahn, Max setzte sich in denselben Waggon, nur ans andere Ende. Eine Station später stiegen zwei Sicherheitsbeamte ein. Sie postierten sich an der mittleren Tür und blickten scheinbar gelangweilt auf die Fahrgäste. Der Zug setzte sich in Bewegung. Plötzlich nahm einer der beiden schwarzen Sheriffs Max ins Visier und deutete mit Kopfnicken auf den Jungen. Die beiden setzten sich in Bewegung. Max blieb ruhig. Er besaß einen Fahrschein, außerdem tat er nichts Verbotenes.

Die schwarzen Männer bauten sich vor Max auf, die anderen Fahrgäste wichen erschrocken zur Seite.

Zeig mal deinen Ärmel!, forderten sie Max auf.

Ich weiß zwar nicht, warum, aber wenn Sie unbedingt meinen.

Aufmerksam studierten die Männer die Zeichen, dann deutete einer von ihnen auf die Wand neben dem Sitz.

Erst jetzt merkte Max, dass das gleiche Tagg von der Jacke überall im Wagen angemalt war. Mensch, sein Freund Pit musste zur Sprayerszene gehören und er besaß davon nicht den blassesten Schimmer.

Ich weiß nicht, was sie wollen?, sagte Max.

Ist wohl Zufall, dass deine Jacke die gleichen Schmierereien trägt, mit denen jemand diesen Zug versaut hat. Dich haben wir schon lange gesucht.

Hat mir ein Freund geschenkt. Ich hab noch nie gesprüht, Ehrenwort.

So, zeig mal deine Jackentasche!
Einer der schwarzen Männer griff hinein, kurz darauf fingerte er eine kleine Sprühdose hervor. Pit musste sie in der Jacke vergessen haben.

Am besten, du steigst nächste Station mit uns aus.

Max blieb stumm. Inzwischen hatten fast alle Fahrgäste die Szene beobachtet. Max zog seine Mütze
weit ins Gesicht, damit sein Vater ihn unter keinen
Umständen erkennen konnte. Beim nächsten Halt
führten ihn die Sicherheitsbeamten nach draußen.
So jung und schon kriminell, entrüstete sich eine ältere Frau, als sie den Jungen an ihr vorbeiführten.
Max hätte ihr die Wahrheit ins Gesicht schreien mögen. Woher wollte sie wissen, dass er die Taggs
gesprüht hatte. War denn jemand kriminell, nur weil
er Zeichen an die Wand sprühte? Kümmern Sie
sich doch um ihren eigenen Dreck, sagte Max im
Vorbeigehen. Das hätte er nicht tun sollen. Die Frau
schlug mit einem Regenschirm nach ihm und einer
der beiden schwarzen Sheriffs drehte ihm ruckartig
den Arm auf den Rücken.
Werd' bloß nicht frech, sagte der Andere, dir werden wir schon den Mund stopfen. Erstmal nehmen
wir deine Personalien auf. Deine Eltern werden sich
freuen. Der ganze Spaß hier kostet sie paar tausend Euro.
Auf dem Bahnsteig blieben sie kurz stehen. Der
eine zückte ein Funkgerät hervor, der andere ein
kleines Notizbuch.

Da ist ja der Typ, von dem ich die Jacke habe!
Von Pit gab es natürlich keine Spur. Instinktiv drehten sich aber auch die beiden Sheriffs um. Im selben Moment riss sich Max los. Er rannte, was seine
Füße hergaben. In Windeseile sauste er am Zug-
fenster vorbei, aus dem sein Vater nach draußen

starrte. Dann wetzte er die Rolltreppe hoch, die eigentlich nach unten fuhr, hinter ihm die beiden
Schwarzuniformierten vom Sicherheitsdienst.

Max war im Vorteil, weil sich die Verfolgungsjagd auf einem belebten Umsteigebahnhof abspielte. Hier kam ihm zugute, dass er kleiner und wendiger war. Die Menschen liefen gedankenversunken oder uninteressiert an ihm vorbei, niemand versuchte, ihn festzuhalten - bald hatte er seine Verfolger abgeschüttelt.

Ob Vater ihn erkannt hatte? Spätestens heute Abend würde er es erfahren.

Auf dem Rückweg machte er am alten Abrisshaus halt, um die Klamotten zu wechseln. Draußen fing es bereits an, dunkel zu werden, die Schwärze kroch behäbig von der Straße ins zerfallene Gemäuer und verteilte sich in den dunklen Räumen. Hoffentlich war niemand in dem alten Haus.

Eine halbe Stunde später war Max zu Hause. An der Tür empfing ihn Mutter.

Max ich muss mit dir sprechen, sofort!

Ist Vater schon da? Max ahnte nichts Gutes: Vielleicht hatten ihn sogar die Bahnbeamten ausfindig gemacht.

Wo warst du? Mutter sah ihm streng in die Augen.

Unterwegs, antwortete Max, ich kann mich nicht mehr an alles erinnern.

Wahrscheinlich würde Mutter ihm jetzt sagen, dass die Graffiti-Reinigung des Zuges mehrere tausend Euro kostete und in welches Unglück er sie gestürzt hatte, wo sie doch so wenig Geld besaßen.

Ich meine gestern, ergänzte Mutter, wo warst du gestern?

Max schwieg. Er verstand überhaupt nichts.

Du hast dich gestern nicht angestellt, stimmt doch, oder?

Max nickte. Woher weißt du das?

Ich wollte mich heute für das Essen bedanken. Zuerst wussten die Küchenfrauen überhaupt nicht, wovon ich sprach.

Max blieb stumm.

Wieviel hast du für die Pizza ausgegeben?

30 Euro.

Mutter schien gar nicht böse.

Hast du trotzdem gut gemacht, Max. Allein hätten wir uns im Augenblick sowas nie geleistet. Weißt du, es war gestern wieder so wie früher. Dabei seufzte sie.

Max du sparst doch für etwas? Mutter sah ihn fragend an.

Du merkst aber auch alles.

Nicht alles, aber das meiste. Nun mal 'raus mit der Sprache.

Ich will mir ein Skateboard kaufen.

Wieviel fehlt dir noch?

20 Euro, und die 30 von gestern.

Mutter nahm ihn zu sich in die Küche. Vom Schrank holte sie ein Glas herunter, obenauf lag eine Reistüte. Unter der Tüte zog sie einen 50-Euro -Schein hervor.

Geh' dir morgen dieses Ding kaufen.

Das ist total überkrass. Max drückte seiner Mutter einen dicken Schmatz auf die Wange.

Du, dieses Ding heißt Skateboard und dafür darfst du auch mal eine Runde drehen. Brauchst du das Geld nicht für was anderes?

Schon gut, sagte Mutter. Eigentlich wollte ich mir ein Paar neue Schuhe kaufen. Sie sah nach unten auf ihre Füße. Ich glaube, die alten tun's noch eine Weile.

Mutter war toll!

Später, dachte Max, wenn ich arbeite, kaufe ich Mutter vorn ersten Geld neue Schuhe.

Er kniff sich dabei kräftig in den Oberschenkel, damit er sein stilles Versprechen nie vergessen würde.

Max Familie besaß eine Laube mit etwas Pacht-
land - vor den Toren der Stadt gelegen. In der Nähe
gab es eine alte Flugzeugpiste, auf der sich hervor-
ragend Skateboard fahren ließ.
Vater hatte den Vorfall in der U-Bahn kaum mitbekommen. Jedenfalls schien er Max nicht erkannt zu
haben.
Max wusste jetzt Bescheid, länger wollte er die Be-
obachtung nicht fortsetzen. Deshalb beschloss er,
am nächsten Tag das Skateboard zu kaufen und
danach in die Laube zu fahren.
Das Skateboard war schnell besorgt, denn Max
hatte seit langem ein ganz bestimmtes ins Auge ge-
fasst. Zum Brett würde er noch passende Skaterschuhe benötigen, das hätte die Sache perfekt gemacht.
Max lief mit dem Skateboard durch die Sportabtei-
lung und betrachtete die vielen Markenschuhe.
Sein Geld reichte nie im Leben, aber er konnte wenigstens ein paar ausprobieren. Es war keine Verkäuferin in der Nähe und Max lief durch die Reihen,
bis er ein Paar passende gefunden hatte. Echte
Markenschuhe, die Farbe und das Muster passten
perfekt zum Skateboard, sogar zu der Jacke. Das
käme echt cool, wenn er diese Schuhe tragen
würde. Eigentlich kein Problem. Er brauchte sie nur
anzulassen und stattdessen seine alten ins Regal
zurückzustellen. Der Preis war leicht entfernt, offensichtlich hatten sie nicht einmal eine Sicher-
heitsmarke, die ihn beim Passieren der Schranke
am Ausgang verraten würde.

Pit würde Augen machen, vielleicht sogar Gerrit.

Aber seine Eltern? Er konnte die Schuhe doch nie im Leben zu Hause tragen, Mutter wäre es sofort aufgefallen.

Charlotte würde ihn mit Fragen löchern.

Max kramte in seiner Hosentasche, mit einem Taschenmesser ließ sich das Schild entfernen.

Gefallen dir die Schuhe?

Als Max hochsah, stand eine junge Verkäuferin vor ihm.

Nur nichts anmerken lassen, die Entscheidung war ihm jetzt ohnehin abgenommen worden.

Ich habe mir ein Skateboard gekauft, wollte mal nach passenden Schuhen sehen.

Wenn du mich fragst, ich finde die Kombination ausgezeichnet, erwiderte die Verkäuferin. Soll ich dir die Schuhe einpacken?

Wieviel kosten sie denn?

179 Euro!

179 Euro? Kommt echt cool, entfuhr es Max. Ich hätte gerade noch die Hälfte.

Dann wirst du weiter sparen müssen.

Max nickte. Schade. Er zog die Schuhe wieder aus und verließ das Kaufhaus. Mit der nächsten U-Bahn fuhr er aus der Stadt, um in der Nähe ihrer alten Laube das Skateboard einzuweihen. Was er in der kleinen Laube erleben sollte, hätte er sich morgens beim Verlassen der Wohnung nicht im Entferntesten träumen lassen.

Nach einer Stunde Skateboard fahren hatte Max vorläufig genug. Seine ohnehin abgetragenen Turnschuhe waren erheblich ramponiert, die Hosen an mehreren Stellen von den Stürzen aufgerissen, sogar die fast neue Jacke hatte am Ärmel einen großen Dreiangel abbekommen. Mutter würde die Hände überm Kopf zusammenschlagen. Bevor er nach Hause fuhr, wollte er in der kleinen Laube wenigstens den gröbsten Schmutz von der Kleidung entfernen.

Für Notfälle war unter einer Steinplatte ein Schlüssel deponiert, um in die Holzhütte zu gelangen. Max wunderte sich. Die Holzhütte sah richtig bewohnt aus. Der Mülleimer quoll über, die Asche im Kohleofen war noch handwarm. Womöglich hatte ein Obdachloser hier sein Quartier aufgeschlagen. Wenn ich den in die Hände kriege, dachte Max.

Zum Denken blieb ihm wenig Zeit. Ganz in der Nähe hörte er Schritte, die sich dem Haus näherten. Die Laube schloss mit einem Spitzboden ab, auf dem man sich flach hinlegen konnte. Max schmiss sein Skateboard unters Sofa und kletterte in den kleinen Verschlag. Oben lagen alte Teppiche, die seine Bewegungen dämpften. An einer Stelle konnte er durch das Astloch eines Bodenbrettes etwas den Raum beobachten. Minutenlang geschah nichts. Max war gerade im Begriff, sein Versteck zu verlassen, als jemand die Klinke herunterdrückte.

Ein Mann betrat den Raum, vorsichtig, als würde er sich über etwas wundern. Max konnte nur seinen Rücken sehen. Der Mann holte ein kleines Weißbrot, eine Fischbüchse und einen viereckigen Fruchtsaft, wie sie in den Billigdiscountern verkauft wurden, aus einer Plastiktüte und stellte die Sachen auf den Tisch. Er verzehrte die Hälfte des kleinen Weißbrots mit dem Inhalt der Fischkonserve. Schließlich holte er eine Tablette aus der Manteltasche und schluckte die weiße Pille. Danach wickelte sich der Fremde in eine Decke, er hatte nicht einmal seinen Mantel ausgezogen, und legte sich aufs Sofa, das Gesicht tief im Kissen vergraben.

Was suchte dieser Fremde hier? Wie lange würde er bleiben? Konnte Max es wagen wegzulaufen? Vielleicht schlief der Fremde fest genug.

Max wartete ab. Eine halbe Stunde bewegte sich der Fremde nicht. Auf einmal holte er tief Luft, als wenn er einen Seufzer ausstieß und drehte sich mit einer unruhigen Bewegung auf den Rücken.

Max konnte jetzt das Gesicht des Fremden sehen, es durchfuhr ihn wie ein Blitz. Unten auf dem Sofa, keine zwei Meter entfernt, in einer schäbigen Decke gehüllt, lag sein Vater.

Mehr als vier Stunden dauerte es, bis Vater aufstand. Er wickelte sich aus der Decke, brach sich ein Stück vom restlichen Weißbrot ab und schaltete den alten Fernseher ein.

Er blieb kaum länger als zehn Minuten bei einem Programm, ständig wechselte er die Sender: Nachrichten, Sport, Musik, Krimi, immer wieder Werbung, alles in bunter Reihenfolge. Nach einer Weile holte er eine Zeitung aus der Manteltasche und begann, beim Fernsehen die Zeitung zu lesen. Das ganze ging jetzt bereits zwei Stunden. Für Max wurde es langsam ungemütlich im engen Versteck, aber er wollte sich unter keinen Umständen zu erkennen geben. Müdigkeit überkam ihn, seit morgens war er auf den Beinen, ständig musste er gähnen.

Einen kurzen Schlaf würde er sich gönnen. Er wusste, dass er sich im Schlaf kaum bewegte, morgens oft so aufwachte wie er eingeschlafen war. Also würde er im Schlaf keine unbewussten lauten Geräusche verursachen, die ihn verraten könnten. Nur einen Moment wollte er die Augen schließen....

Alle sitzen am Tisch. Vater an der einen, Mutter an der anderen Seite, dazwischen die Kinder, Charlotte, Paulinchen und Max. Vater räuspert sich. Wir müssen etwas besprechen, sagt er.

Au fein, freut sich Paulinchen. Sie hat so eine Familienbesprechung noch nie erlebt, Mutter hat extra Eierkuchen für nachher gebacken.

Ihr kennt doch das Märchen von Hänsel und Gretel?

Max nickt, aber was soll denn das?

Charlotte, was meinst du, warum sind die Eltern in den Wald gegangen?

Was soll denn der Quatsch, sagt Charlotte, aus dem Märchenalter bin ich wohl raus.

Charlotte, bitte, unterbricht Mutter: Es scheint vielleicht komisch, aber jedes Märchen hat einen wahren Kern. Die Märchen befassen sich oft mit etwas, das für die Menschen früher eine alltägliche Situation war.

Also die Eltern hatten kein Essen, antwortet Charlotte etwas trotzig.

Ist das ungewöhnlich? fragt Vater weiter.

Max schüttelt den Kopf. Er kennt niemand, der hungern muss. Selbst seine Familie hatte genug, auch wenn sie sich manchmal in der Suppenküche anstellen mussten.

Jeden Tag verhungern Tausende von Menschen, sagt Mutter, auch viele Kinder.

Paulinchen guckt die Eltern an, sie versteht kaum, was sie sprechen. Doch plötzlich sagt sie:

Wir können die Eierkuchen wegschicken. Zu den Kindern, die hungern.

Die andern schweigen. Nur Mutter unterbricht die Stille.

Du hast recht, Paulinchen. Aber die Eierkuchen vertragen die lange Reise nicht. Sie werden schlecht, bevor sie ankommen.

Max und Charlotte, wir erzählen euch das, weil ihr zur Familie gehört. In unserem Land sind vier Millionen Menschen ohne Arbeit. Vater schluckte, er sagte nichts.

In jedem Monat werden es ungefähr 30.000 mehr, fährt Mutter fort. Eure Großeltern haben noch eine Zeit erlebt, in der es nichts zu essen gab. Für die nächste Zeit müssen wir uns etwas einschränken, und deshalb wollen wir alle zusammen überlegen, wo wir sparen können.

Ich kann zur Schule laufen anstatt den Bus zu nehmen, schlägt Max vor. Die Karte spart uns 50 Euro im Monat, macht 600 Euro im Jahr. 600 Euro, das klang gewaltig.

Zeitungen austragen wär' 'ne Möglichkeit, sagt Charlotte. Ich werde morgens früher aufstehen.

Ich will nicht, dass du im Dunkeln durch die Straßen läufst, unterbricht Vater. Ich werde die Zeitungen austragen.

Wenn dich die Nachbarn sehen oder deine Kollegen?, wirft Max ein, doch Vater antwortet nicht.

Nächste Woche wollten wir mit der Klasse ins Theater, sagt Charlotte. Ich bleib' zu Hause, kann ja krank geworden sein.

Geh lieber ins Theater, widerspricht Vater. Dafür muss das Geld reichen.

Max hat noch eine Idee. Wir werden alle Glühbirnen gegen 25 Watt Sparlampen austauschen. Ist zwar ein bisschen dunkel, spart aber 'ne Menge Kohle.

Charlotte, wir können nur noch einmal in der Woche baden, sagt Mutter. Außerdem macht es mir nichts aus, zuletzt zu baden.

Alle benutzen dasselbe Wasser?, will Charlotte wissen.

Es ist leicht zu erraten, was sie denkt, als sie dabei Max ansieht.

Mutter nickt. Fernsehen werden wir auf eine Stunde beschränken, so können wir noch mehr Strom sparen.

Jedes Fußballspiel dauert länger als eine Stunde, unterbricht Vater.

Und Startreck lass ich auch nicht ausfallen, verstanden?, ruft Max ziemlich laut.

Er steht auf, um seinen Worten mehr Nachdruck zu verleihen.

Mit einem dumpfen Knall stieß er an einen Holzbalken. Er wischte sich den Schweiß von der Stirn, den ihn der Traum ins Gesicht getrieben hatte. Erst jetzt wurde er richtig wach.

In der Laube war es dunkel, das Licht brannte nicht mehr. Seltsamer Traum, dachte Max.

Max konnte nicht erkennen, ob Vater noch auf dem Sofa lag. Er musste nachsehen, es kam nicht mehr drauf an.

Vorsichtig hangelte er sich vom Dachboden, tastete sich bis zum Sofa vor und strich über die Decke. Das Sofa war leer. Der Junge schaltete das Licht an. Vater war fort. Wie lange, wie lange war Vater fort, er wusste es nicht. Wie spät mochte es sein? Mist, bereits 21.00 Uhr. Er benötigte mindestens anderthalb Stunden für den Rückweg. Das gab Ärger!

Max lief nach draußen und rannte durch die verlassene Straße. An der nächsten Telefonzelle machte er halt.

Max, bist du es? Mutters Stimme klang aufgeregt.

Tut mir leid, Ma, ich hab mich bei Pit total verquatscht. Darf ich heute bei ihm übernachten?

Ist Pit nicht verreist?

Sie fahren erst am Wochenende. Bitte lass mich heut' bei ihm übernachten. Wir sehen uns 'ne Weile nicht.

Na gut. Gib mir noch Pits Mutter. Ich will mich bei ihr bedanken. Hoffentlich wird es ihr nicht zu viel, so kurz vor der Reise.

Pits Eltern sind noch unterwegs, im Kino. Dort, wohin sie reisen, gibt's nämlich keine Kinos. Wollten sich deshalb hier noch einen Film reinziehen.

Naja, bestell' schöne Grüße.

Ist Dad schon zu Hause?

Ja, wieso fragst du?

Ach, nur so. Grüß ihn von mir.

Gute Nacht, Max.

Gute Nacht, Ma.

Max lief zurück. Er hatte unheimlichen Hunger, aber kein Geld in der Tasche. In der Laube fand er nur ein halbes Weißbrot, das Vater zurückgelassen hatte. Er würde sich eine Scheibe abschneiden, nur eine Einzige, Vater sollte nichts merken. Falls er Morgen wieder herkommen sollte, für diesen Fall wollte er auch genügend vom Brot übrig lassen, wenn Vater kein Essen bei sich hatte.

Dann wickelte sich Max in die Decke ein, die noch etwas Körperwärme seines Vaters speicherte und rollte sich auf dem Sofa zusammen. Draußen war es kalt, verdammt kalt, aber für Max war es nicht nur draußen kalt.

Wenn sich Max vornahm, zu einer bestimmten Zeit aufzustehen, klappte es an 99 von 100 Tagen. Ganz brauchbare Eigenschaft, fand er. Pünktlich um 7.00 Uhr wurde er wach. Er wusste nicht, ob Vater auch heute kam und zu welcher Zeit. Mit dem Skateboard zu fahren traute er sich deshalb nicht. Sein Magen knurrte. Eine weitere Scheibe vom Weißbrot konnte er sich doch abschneiden, nur noch eine Scheibe, Vater würde nichts merken.

Und wenn Vater kam und nichts anderes zu essen mitbrachte?

Max schwankte zwischen seinem Hunger und den Gedanken an Vater.

Ungefähr zur selben Zeit wie gestern öffnete sich die alte Holztür. Ihr knarrendes Geräusch war Max seit seiner Kindheit vertraut, ebenso die Schritte, die folgten.

Ähnlich einem Film lief alles genauso ab wie gestern, nur dass Vater keine Plastiktüte bei sich hatte. Er nahm das halbe Weißbrot aus dem Schrank - lange betrachtete er es, fand Max - dann brach er das Brot auseinander und verzehrte langsam die Stücke. Vater schien hungrig. Er formte seine linke Hand wie zu einer Kelle und schüttelte die Brotkrumen aus der Plastiktüte hinein. Langsam pickte er sich die Krümel aus der Hand.

Max bekam ein schlechtes Gewissen. Am liebsten hätte er die Brotscheiben in die Tüte zurückgezaubert.

Vater wickelte sich in die Decke ein. Aus dem Mantel nahm er eine weiße Tablette, schaltete den

Fernseher ein und legte sich aufs Sofa. Er achtete nicht auf das Programm, sondern vergrub sein Gesicht ins alte Kopfkissen und schlief in den Tag hinein. Vaters Arbeit, dachte Max, das ist Vaters Arbeit.

Er konnte es nicht unterdrücken, einige Tränen liefen ihm aus den Augen. Einer der salzigen Tropfen verirrte sich, fiel durch das ergraute Astloch und tropfte auf das Sofa.

Max schämte sich. Er heulte wie ein kleines Kind, obwohl er doch ein richtiger Junge war.

So'n Mist, flüsterte er und drückte sein Gesicht in den alten Teppich.

Er schämte sich für so Vieles, dass er nicht verreiste wie die anderen, für seine abgetragenen Turnschuhe, die keinen Markennamen trugen, für das Anstehen in der Suppenküche und jetzt auch noch für die Tränen.

Mensch, was soll das! Bist du blöd? Warum schämst du dich denn! Bist doch kein Krimineller. Hast du Aussatz an deinen Händen, dass alle einen Bogen machen. Bist du denn blöd im Kopf? Was ist denn los mit dir?

Max ging mit Max ins Gericht. Es sah schlecht aus für ihn, schlecht, aber nicht aussichtslos. Auch wenn er nicht alles ändern konnte, das würde sich ändern.

Du Blödmann. Mutter stellte sich für ihn in der Suppenküche an, sein Vater vergrub sich jeden Tag in einem alten schäbigen Sofa und Max hatte sich sooft wegen ihnen geschämt.

Du Blödmann. Max, seine Gedanken wurden undeutlich, sie flossen mit den salzigen Tropfen als eine trübe zähe Lösung über den alten dreckigen Teppich, der auf dem muffigen Dachboden vor sich hinmoderte, und wechselten unmerklich ihre Richtung.

Die Ferien vergingen, ohne dass die Eltern mit Max und Charlotte sprachen. Das Einzige, was Max an die Vorkommnisse in der Laube erinnerte, war ein Tag, als Mutter tatsächlich alle Glühbirnen gegen 25-Watt Sparlampen austauschte. Seitdem durchzog manchmal eine unheimliche Dunkelheit die Wohnung, in der sich alle nur noch wie Schatten begegneten.

Zu Geburtstagen ging Max kaum noch. Immerhin bedeutete jede Einladung, ein Geschenk für 10 bis 15 Euro zu besorgen.

Bei drei Kindern stellte das eine Belastung von mehreren hundert Euro im Jahr für die Haushaltskasse dar.

Zum Glück fiel Max' Geburtstag in die Ferienzeit, seine Eltern brauchten keine Party auszurichten, es sparte wieder einige Euro.

Das größte Problem stellte jedoch die Klassenfahrt dar. Seitdem die Zuschüsse für die Schulen drastisch gekürzt wurden, betrug die Summe einschließlich der Kosten für den Kauf besonderer Kleidung wie Wanderschuhe ungefähr 800 Euro.

Wir können das Geld unmöglich aufbringen, Max, sagt Mutter.

Und wenn wir mit Oma sprechen?

Vater will es nicht. Außerdem ist Oma auch knapp mit ihrer Rente. Sie muss jetzt sogar Beiträge für die Krankenkasse bezahlen. Die Klassenfahrt war erst in einigen Monaten, aber die Anmeldung musste bereits verbindlich erfolgen.

Wir könnten etwas auf die Pfandleihe bringen, dachte Max vorsichtig an.

Mutter überlegte. Sie besaß etwas Schmuck, dafür würde sie aber nie 800 Euro erhalten. Und der Ehering? Ob Vater es gemerkt hatte?

Sie hatte ihn vor einigen Monaten verpfänden müssen, für die Stromrechnung, damit der Strom wieder angestellt wurde.

Max, es reicht nicht. Ich werde mit deiner Klassenlehrerin sprechen. Es tut mir leid, Max, du glaubst gar nicht, wie sehr.

Charlotte bekommt viel mehr von euch. Max wollte schon lange mit Mutter darüber sprechen. Letzte Woche schon wieder eine neue Jeans.

Weißt du, Charlotte ist anders als du. Sie legt auf Kleidung viel Wert. Manchmal habe ich Angst, sie würde uns einfach weglaufen, wenn wir ihr nicht ab und zu was Neues kaufen, Sparen, Pfandleihe, nur um irgendwo Geld für diese blöden Klamotten aufzutreiben.

Bezahlt ihr mir wenigstens den Friseur wie Charlotte?

Max, Charlotte hat viel längere Haare. Ich kann ihre Haare nicht schneiden. Bei dir muss ich nur mit dem Schneidekamm durchgehen. Du siehst doch flott aus, Max.

Flott, was Mutter darunter verstand! Er wollte sich eine moderne Frisur zulegen, an den Seiten und hinten ganz kurz, oben die Haare hochgestylt. - Wieder nichts!

Vater musste früher mit Winterschuhen zur Schule, mitten im Sommer. Seine Eltern hatten kaum Geld, weißt du.

Immer erzählt ihr von früher, was ihr machen musstet, wie es euch gegangen ist. Hat Vater bestimmt keinen Spaß gemacht, bei 30° so herumzulaufen.

Spaß nicht, Max, aber wenn man das durchsteht, bekommt man Charakter, mehr, als wenn einer sein ganzes Leben lang in Markensachen spazieren geht.

Und Vater hat dadurch Charakter bekommen? Warum spricht er nicht mit uns?

Worüber?

Über alles!

Na über was alles? Vater leidet doch am meisten unter der Situation. Max, so darfst du nicht sprechen.

Max antwortete nicht. Das Gespräch hatte eine unangenehme Richtung eingeschlagen. Er wollte Mutter nicht mehr erzählen. Vielleicht wusste nicht einmal sie, wohin Vater jeden Tag ging.

Mutter drückte Max einige Münzen in die Hand, Milchgeld für den nächsten Monat. Ich habe was zur Seite legen können.

Lass mal, Ma. Max steckte ihr das Geld in die Schürzentasche zurück, das Zeug schmeckt ohnehin nicht.

Er drehte sich um und verließ wortlos die Wohnung - eine halbe Stunde früher als sonst, einen Monat wollte er sich das Fahrgeld aufsparen.

In der ersten großen Pause liefen die meisten aus Max' Klasse zum Getränkeautomaten. Die Ersten hatten noch Glück, danach schluckte der Automat jedoch nur noch die Münzen, ohne Getränkedosen auszuspucken.

So'n Dreck. Gerrit trat mit voller Wucht gegen den roten Kasten.

Kannst von mir 'nen Schluck haben.

Max hielt ihm seine Flasche hin.

Gerrit war total perplex. Wollte sich dieser Max bei ihm anbiedern?

Hab dich nicht so, sagte Jenny, die zwischen beiden stand.

Gerrit nahm die Flasche. Sie war verschlossen und anscheinend voll, wenigstens hatte der Andere noch nicht davon getrunken. Er setzte die Flasche an und nahm einen Schluck. Im selben Augenblick spuckte er die Flüssigkeit in hohem Bogen wieder aus.

Was ist denn das für'n Gesöff? Angeekelt reichte er Max die Flasche zurück. Komm Jenny, im ersten Stock ist noch ein Automat.

Jenny folgte ihm, wenn auch etwas zögerlich. Die anderen entfernten sich ebenfalls, Max blieb allein zurück.

Er wischte den Flaschenhals ab und nahm selbst einen Schluck. Das Getränk war lauwarm geworden, offensichtlich Wasser mit einem Spritzer Zitrone und etwas Zucker. Schweigend verschloss er die Flasche und trottete zur Turnhalle - in der nächsten Stunde war Sport angesagt.

Max war als erster in der Umkleide, kam ihm ganz gelegen nach dem Vorfall in der Pause. Er war bereits in der Halle, als die anderen sich umzogen. Als Erstes mussten sich alle in einer geraden Linie aufstellen. Herr Buchwald, ihr Sportlehrer, konnte auf diese Weise am besten überblicken, ob jemand fehlte.

Herr Buchwald war ein Holzklotz, jedenfalls was sein Einfühlungsvermögen, sein Taktgefühl anbelangte.

Max, komm mal vor. Was ist mit deinen Turnschuhen?

Sorry, ich hab die anderen vergessen.

Sie mussten in der Halle Extraturnschuhe tragen, ein Paar für draußen, die anderen für die Halle und zwei Paar kosteten doppelt so viel wie ein Paar.

Mit diesen Schuhen kannst du nicht mitmachen.

Max schwieg.

Du kannst nach Hause gehen. Und zieh die Schuhe aus, bevor du die Halle noch mehr verdreckst. Morgen bringst du mir eine Entschuldigung mit, für deine Vergesslichkeit.

Herrn Buchwald war es also doch aufgefallen, obwohl Max am Vortag die Schuhe mühsam mit weißer Schuhcreme übermalt hatte. Max hatte die Schnauze voll von diesem Tag. Mehr noch, er wollte einfach nicht mehr. Das Zitronenwasser, Jenny, die nicht zu ihm hielt, die Blamage mit den Turnschuhen.

Sein Heimweg führte über eine Brücke. In der Mitte hielt Max an. Die Schultasche stellte er zur Seite. Nur die Trinkflasche nahm er in die Hand. Ab und zu gingen Passanten an ihm vorüber, aber sie beachteten ihn nicht. Max beugte sich vor. Mit einem dumpfen Plätschern schlug die Flasche auf die unruhige Strömung und verschwand in der dunklen Tiefe. Von der Brücke mochten es vier Meter sein, vier Meter bis unten. Auf einmal kam es ihm vor wie damals in der alten Laube. Der Schatten, den sein Körper aufs Wasser warf, sah aus wie die Gestalt seines Vaters, eingehüllt in einer alten Decke auf dem Sofa. Immer dieser Schatten, der in den Wellen auf und ab tanzte.

Auf der anderen Seite der Brücke lief eine Frau, an ihrer Hand hing ein kleines Mädchen, im Gesicht zwei schmale Zöpfe, hinten ein Pferdeschwanz.

Max beobachtete das Mädchen aus dem Augenwinkel, mit der Frisur sah es aus wie Paulinchen, seine kleine Schwester.

Er täuschte sich. Es war nicht seine Mutter, das Mädchen nicht Paulinchen.

Seine Füße konnten warten, sie brauchten keine Skaterschuhe zum Skaten, keine zwei Paar Turnschuhe zum Turnen.

Aber Paulinchen, sie brauchte einen großen Bruder, mit jedem weiteren Jahr dieser verflixten Zeit würde sie ihn mehr brauchen. Es wurde Max nicht eigentlich klar, was in seinem Kopf vor sich ging, die anderen Gedanken, die die alten zur Seite schoben. Benommen hob er seine Schultasche vom Boden und blickte ein letztes Mal ins dunkle Wasser, wo jetzt die Trinkflasche begraben lag, und dieser seltsame Schatten lag dort begraben und Vieles mehr.

Max hob seine Schulmappe auf. Er schnallte sie auf den Rücken, obwohl sie doch einen Griff zum Tragen hatte, was viel cooler wirkte.

Mit einer Schulmappe auf dem Rücken bleibt die Wirbelsäule gerade, hatte sein Vater immer wieder gepredigt; er solle sie lieber so als anders tragen, das andere zog seinen Rücken nach unten, verkrümmte ihn.

Mit seiner Schultasche auf dem Rücken trug Max seine neuen Gedanken nach Hause.

Mutter hatte eine Heimarbeit angenommen. Sie saß abends stundenlang am Schreibtisch und schrieb Briefe wie z.B. folgenden:

Sehr geehrte Frau Schmidt,

Sie wundern sich möglicherweise, von jemanden Post zu bekommen, den Sie nicht kennen. Obwohl wir uns nicht kennen, möchte ich Ihnen doch einmal schreiben, wie sehr ich mit meiner neuen Küchenmaschine zufrieden bin. Sie erleichtert meine Arbeit erheblich, wenn ich nur an das mühselige Zwiebelschneiden zurückdenke. Ich möchte Sie an meiner positiven Erfahrung teilhaben lassen. Wie viele Frauen wie Sie und ich auf der Welt verbringen jeden Tag unzählige Stunden mit Verrichtungen, die sehr zeitaufwendig sind. Mit der neuen Küchenmaschine können auch Sie sich Freiräume schaffen für Dinge, die wirklich wichtig sind. Sie haben jetzt viel mehr Zeit für sich und Ihre Familie.

Es waren Werbebriefe. Die Texte unterschieden sich nur geringfügig, sie sollten handgeschrieben sein, um einen persönlichen Eindruck zu vermitteln. Mutter bekam für jeden Brief 3 Euro. Dreihundert hatte sie fertig, alles in einem Monat.
Draußen klingelte es. Ein kleiner Mann mit rundlichem Gesicht und Krawatte stand vor der Tür.
Schön, dass sie da sind, begrüßte ihn Mutter.
Guten Tag, erwiderte der Mann, ich habe leider nicht viel Zeit. Wie viele Briefe haben sie fertig?
Genau 300, möchten sie nachzählen?

Ich vertraue ihnen, gute Frau. Da ist aber ein Problem aufgetreten.
Welches Problem?, fragte Mutter unruhig.

Die Firma hat ihre Werbestrategie geändert. Diese handgeschriebenen Briefe erzielen offensichtlich kaum höhere Verkaufszahlen.

Sie haben keinen neuen Auftrag?

Doch, nun bleiben Sie mal ganz ruhig. Ich kann Ihnen aber nur die Hälfte zahlen. Das müssen Sie verstehen! Was meinen Sie, wie schwer es für mich geworden ist, die Briefe bei der Firma loszuwerden.

Aber wir haben 3 Euro ausgemacht. 3 Euro für einen Brief!

Ja, liebe Frau, das war vor einem Monat. Was meinen Sie, wie schnelllebig unsere Zeit geworden ist!

Vater war an der Tür erschienen. Offensichtlich hatte er das Gespräch mitbekommen.

2 Euro ist im Augenblick das allerhöchste, sagte der Fremde, als er Vater sah.

Vater nahm den Karton, der die dreihundert Briefe enthielt.
Sie bezahlen den vereinbarten Preis, sagte er.
Der Fremde schüttelte den Kopf. Nehmen Sie doch Vernunft an, ich kann Ihnen nicht mehr zahlen.

Vater nahm den Karton und warf ihn die Treppen hinunter. Verschwinden Sie, sagte er, raus hier, aber schnell!

Der fremde Mann blickte nach unten, einige Briefe lagen verstreut im Schmutz des Treppenhauses.
Ein paar der Briefe müssen wir wohl abschreiben, sagte er. Ich gebe Ihnen für den Rest 400 Euro. Mein letztes Angebot.
Er klemmte vier grüne Geldscheine in den Briefkastenschlitz.

Verschwinden Sie mit ihrem Geld, sagte Vater. Er ging in die Wohnung zurück. Wir wollen Ihr dreckiges Geld nicht.

Der Fremde antwortete nicht. Er lief die Treppen hinunter, sammelte die verstreuten Briefe ein und verschwand mit dem Karton.
Mutter nahm das Geld aus dem Briefkastenschlitz und steckte es in ihre Schürze, ohne einen Blick auf die Scheine zu werfen.
Dieser Dreckskerl, dachte Max, der alles in seinem Zimmer mit angehört hatte.
Er wusste, dass Mutter von dem Geld eine Busreise für die ganze Familie geplant hatte. Sie wollte einfach mal wieder woanders hin, wenigstens für einige Tage. Es wurde wieder nichts aus dem Verreisen.

Mutter lief in die Küche. Vater fragte nicht, ob sie das Geld genommen hatte.

Ist nicht so schlimm, sagte Mutter.
Vater sah sie fragend an.
Ich werde Tageskinder aufnehmen. Beim Jugendamt suchen sie ständig Familien, die Kinder betreuen. Für jedes Kind bekommen wir 500 Euro im Monat. Zwei Kinder kann ich neben der Hausarbeit leicht betreuen. Vielleicht findet Paulinchen sogar neue Spielfreunde.

Unsere Wohnung ist zu klein, entgegnete Vater.

Nein, ich habe schon mit dem Jugendamt gesprochen. Die Wohnung ist groß genug. Allerdings müssen wir ein Zimmer freimachen, wo die Kinder spielen und mittags schlafen können.
Vater schwieg.
Max braucht sein eigenes Zimmer. Aber Charlotte und Paulinchen können sich eines teilen. Zwei Mädchen in einem Zimmer, das müsste gehen. Ich fürchte nur, dass Charlotte ein Riesentheater macht, wenn ich mit ihr spreche. Du weißt doch, wie wichtig für Charlotte die äußeren Umstände sind. Wenn ihre Freundinnen kommen und ein Kinderbett steht in ihrem Zimmer, ich weiß nicht, ob Charlotte da mitmacht.
Vater schwieg. Nach einer Weile sagte er: Ich werde mit Charlotte sprechen!
Danke. Mutter schien sehr erleichtert.

Weißt du, sagte Vater, ich denke manchmal, wie es früher war.

Was meinst du?

Ich meine, wie die Leute früher gelebt haben. Früher sind die Menschen aus Europa ausgewandert, weil sie keine Arbeit hatten. Sie besaßen einen Traum von einem besseren Leben in Amerika oder auch in Australien, wo immer die Sonne scheint.

Ein schöner Traum, erwiderte Mutter. Sie blickte nach draußen auf die grauen verdreckten Fassaden im Hinterhof.

Es kann früher auch nicht anders gewesen sein, fuhr Vater fort.

Ja, sagte Mutter, aber früher war Amerika noch leer. Die Menschen wurden mit offenen Armen aufgenommen. Sie brauchten nur ihren Traum mitzubringen.

Dafür gab es andere Schwierigkeiten. Man muss nur wollen. Es wird alles so eng und unruhig in Europa.

Und die Kinder? Hier können sie ihre Schule zu Ende machen und einen Beruf lernen.

Es gibt kaum Lehrstellen in unserem Land für alle. Außerdem mussten sich die Kinder früher auch umstellen. Kinder werden noch am besten damit fertig.

Mutter seufzte. Manchmal war es schön, einfach ein bisschen zu träumen. Aber immer nur denselben kurzen Traum einige Gedanken lang träumen, um sich dann im grauen Alltag wiederzufinden?

Lass uns nicht mehr davon sprechen, sagte Mutter, oder wir unternehmen es einfach. Du hast ja Recht, aber dann sollten wir uns endlich entscheiden. Ich werde auch nicht jünger.

Max bekam die Unterhaltung nicht mehr mit. Mutter hatte ihn vorher zum Einkauf geschickt. Er schob den Einkaufswagen durch die Sperre und besah sich den Zettel.

1 kg Äpfel, die billigsten, stand oben auf.

In der Obstabteilung war Selbstbedienung. Die Kunden legten das Obst in Tüten, stellten es auf eine Waage und tippten dann eine bestimmte Zahl, die neben jeder Obstsorte stand, ein.

Max schritt die Apfelsorten ab. Rechts neben ihm stand eine Dame, die Haare leicht rötlich gefärbt, in einem vornehmen Pelz gekleidet. Die Frau nahm eine Tüte fertig abgepackte Möhren, daneben lagen einige lose Mohrrüben, die aus anderen Beuteln gefallen waren. Sie nahm die losen und steckte sie durch eine kleine Öffnung zu ihren fertig abgepackten. Dann nahm sie vier rote Äpfel. Drei von ihnen legte sie auf die Waage und tippte die Zahl ein. Der Automat spuckte die Preisetikette aus. Die vornehm gekleidete Frau klebte das Schild auf die Tüte, jetzt legte sie noch den vierten Apfel hinein und band den Beutel zusammen.

So wird das gemacht, dachte Max, ohne sich anmerken zu lassen, dass er alles mitbekommen hatte.

Er rutschte zur Seite, nahm einige kleine verrunzelte Äpfel aus dem Regal. An manchen Stellen hatten sie braune Flecken, dafür waren sie im Preis herabgesetzt.

Dann blickte er wieder auf den Zettel. An zweiter Stelle stand:

3 l Milch; in Klammern hatte Mutter dahinter geschrieben (H-MILCH, fettarm).

Wer war eigentlich zu dick in der Familie, dachte Max, als er die billigen H-Milchkartons in den Einkaufswagen legte.

Die Frau im Pelzmantel kam vorbei. In ihrem Wagen stand eine Flasche mit frischer Vollmilch. Auf dem Etikett klebte eine zufrieden lächelnde Kuh, die auf einer grünen saftigen Wiese, umgeben von schneebedeckten Bergen, stand.

Max ging weiter.

1 Brot hatte Mutter auf den Zettel noch geschrieben, vielleicht vom Vortag. Max legte die Hand auf einige der herrlich warmen weichen Brote, die gerade erst frisch angeliefert waren. Dann nahm er ein altes aus der untersten Reihe, auf dem ein rotes Sonderangebotsschild leuchtete. Das Brot landete wie ein harter Stein im halbleeren Einkaufswagen und Max lief vorbei an der Frischwursttheke, wo er nicht hielt, zur Ladenkasse.

Gerrit war in letzter Zeit ziemlich verändert. Es interessierte Max kaum, brachte sogar den Vorteil, dass Gerrit ihn in Ruhe ließ.

Pit meinte, Gerrit würde in letzter Zeit was nehmen, obwohl ihn bisher niemand dabei gesehen hatte.

Du Max, komm doch mal her!

Charlotte saß auf ihrem Bett, sie hielt eine Zeitung in der Hand.

Guck mal, was hier steht.

Sie hatte eine Seite mit dick umrandeten Feldern aufgeschlagen:

Unvergessen, unser Benjamin Radun
  Das Leben gab ihm nur 18 Jahre

Gerrit heißt doch Radun, oder?

Charlotte blickte Max an. Es stimmte, Gerrits Nachname war Radun und soweit ihm bekannt war, hatte er auch einen älteren Bruder.

Was ist los?, fragte Charlotte.

Schon gut. Max' Kopf wirbelte von Gedanken. Gerrit war in letzter Zeit so komisch. Vielleicht war es wirklich die Todesanzeige von seinem Bruder. 18 Jahre, das war überhaupt nichts. Ben? Benjamin, dieser Typ im Abrisshaus hieß Ben. Benjamin Radun. Doch es gab Tausende von Bens. Ben aus dem Abrisshaus. Mensch Ben…

Zehn Tage Klassenfahrt hieß für Max, zehn Tage Unterricht in einer anderen Gruppe.

Er kannte einige Schüler aus der Nachbarklasse. Trotzdem war es ein komisches Gefühl und wahrscheinlich wussten die meisten, warum er bei ihnen war.

Der erste Tag verlief reibungslos. Mit dem Stundenplan kam Max noch nicht zurecht, deshalb erschien er am nächsten Tag bereits um 8.00 Uhr in der Schule, obwohl die erste Stunde ausfiel.

Er saß allein im leeren Klassenraum. Plötzlich ging die Tür auf. Max traute seinen Augen nicht. Er kniff sich in die Haut. War er wach oder in einem Traum?

Gerrit kam in die Klasse. Zuerst tat er, als würde er Max nicht bemerken, doch dann kam er näher.

Hey, sagte Gerrit.

Max brachte kein Wort heraus.

Ist neben dir noch frei?

Max nickte.

Eine Weile verging, keiner von beiden sprach ein Wort.

Hab mich früher ziemlich blöd benommen, sagte Gerrit.

Schon gut, gibt Schlimmeres.

Die anderen sind jetzt auf der Reise.

Max antwortete nicht. Schließlich fragte er: War Ben dein Bruder?

Gerrit nickte. Woher weißt du das?

Meine Schwester hat die Anzeige in der Zeitung gelesen. Tut mir leid.

Gerrit schwieg.

Max überlegte. Wenn Charlotte oder Paulinchen tot wären, er konnte es sich nicht vorstellen. Die ganze Zeit hatte er sich wegen irgendwelcher Sachen den Kopf zerbrochen, Markenschuhe, Skaterhose und all den Kram, und anderen ging es viel dreckiger als ihm.

Bist du deshalb nicht mitgefahren?

Gerrit nickte. In zwei Tagen ist die Beerdigung. Hab jetzt sowieso keinen Bock auf Verreisen. Hast du nachmittags Zeit?

Ich muss was für meine Mutter erledigen, antwortete Max.

Er überlegte, morgens hatte Mutter ihn gebeten, sich nach der Schule an der Suppenküche anzustellen. Sie musste mit Paulinchen zum Arzt. Er hatte doch keinen Grund mehr, das zu verschweigen.

Ich muss mich nach der Schule in der Suppenküche anstellen, sagte Max.

Gerrit sah ihn an. Find' ich echt cool, dass du so was für deine Familie bringst. Wenn ich mich auch für Ben irgendwo anstellen könnte.

Max wusste nicht, was er antworten sollte. Er starrte aus dem Fenster. Ben tauchte vor seinen Augen auf, er sah die Sanitäter, wie sie mit der Trage die Treppe heruntersausten. Es war wohl besser, Gerrit nichts zu erzählen. Konnte ja auch ein anderer Ben gewesen sein.

Kann ich mitkommen?, fragte Gerrit unvermutet. Wohin?

Ich stell mich mit dir an, kann dir tragen helfen.

Max nickte. Find' ich überkrass von dir.

Gibt coole Typen, die dort anstehen, fuhr Max fort. Einmal hab ich einen getroffen, der Musik studiert hat und jetzt versucht, 'ne Rock-CD rauszubringen. Max dachte an die Frau, die ihr Leben lang nicht gearbeitet hatte und plötzlich nach dem Tod ihres Mannes mit einer kleinen Witwenrente auskommen musste, an den alten Mann, der auf einen Gehstock gestützt in der Reihe anstand und es ablehnte, vorzugehen, obwohl ihn alle vorlassen wollten, an die junge Frau mit dem kleinen Mädchen, das kaum größer als Paulinchen war, an den dicken Mann, der früher LKW-Fahrer war und von seinen Fahrten durch Europa erzählt hatte, an den arbeitslosen Clown, der manchmal Späße machte ...

Max wusste nicht, dass Gerrit ohne Vater aufwuchs. Gerrits Mutter war Ärztin, gewiss, aber wusste denn Max, dass sie gekündigt worden war, wegen Bettenabbau, weil man in dieser Zeit selbst die Betten für die kranken Menschen in den Hospitälern schloss und nicht mehr so viele Ärzte brauchte. Max wusste all dies nicht, er ahnte nicht einmal, was Gerrit wusste. Davon hatte er nicht den blassesten Schimmer.

Langsam füllte sich der Klassenraum und für die beiden Jungs begann die erste gemeinsame Unterrichtsstunde - jedenfalls nicht nur in der neuen Umgebung.

Vater stand vor dem Spiegel und band sich die Krawatte um.

40 Bewerbungen hatte er geschrieben, jetzt war er endlich zu einem Vorstellungsgespräch geladen. Das musste nicht viel bedeuten, aber es war besser als eine Absage. Wenn sich nur nicht Mutters Hoffnungen am Abend in Luft auflösen würden. Außerdem dauerte es mehrere Tage nach dem Gespräch, bis er eine endgültige Entscheidung mitgeteilt bekäme.

Heute führte sein Weg nicht in die kleine beengte Laube. Er dachte an das kommende Gespräch, welche Fragen würden sie stellen, was sollte er antworten?

Die Krawatte war fertig gebunden. Vater betrachtete sich im Spiegel. Wie lange war es her, dass sein Spiegelbild eine Krawatte getragen hatte? Ein anderer Mensch stand im Spiegel, an den er sich kaum noch erinnern konnte. Das Jackett war neu und verpasste seinem Spiegelbild eine elegante Erscheinung.

Eigentlich war Max mit einer neuen Jacke dran und Paulinchen mit warmen Schuhen, aber wegen der Bewerbung hatten sie das Geld in ein neues Jackett gesteckt. Vielleicht stand nachher im Bewerbungsgespräch ein nobel gekleideter junger Herr vor ihm, würde ihn fragen, welche Berufserfahrungen er vorzuweisen, was er die letzten Jahre gearbeitet hatte.

Vater zog die Krawatte aus und legte das neue Jackett ab. Er zog sich einen Pullover über und betrachtete sich wieder im Spiegel. So war es in Ordnung. Sie sollten ihn sehen, wie er war. Und wenn sie ihn nicht so akzeptierten, wäre es bestimmt nicht die richtige Anstellung.

Zur selben Zeit waren Max und Gerrit vor der Wohlfahrtsküche. Vor ihnen stand der LKW-Fahrer und erzählte seine Abenteuergeschichten bei den Fahrten durch die Bürgerkriegsgebiete.
Der Clown machte einem kleinen Mädchen Faxen vor und zauberte immer wieder neue Sachen aus ihrem Blechkanister.

Auf dem Rückweg versteckte Max nicht wie üblich den Kanister im großen Stoffbeutel, den er dafür sonst benutzt hatte. Es machte ihm nichts mehr aus, ihn offen zu tragen. Er hatte mit Gerrit viel zu bequatschen und war beinahe stolz wie auf ein Paar Markenschuhe, dass er mit seinem Kumpel den Blechkanister durch die Gegend schleppte. Einen Umweg würde er nehmen, einen langen Umweg, selbst wenn ihn dadurch mehr Menschen mit dem Kanister sahen.
Er hatte so viel mit Gerrit zu bereden und erst, wenn der Kanister begann abzukühlen, würde er den langen Umweg beenden.

Mutter stand am Küchenfenster.
Der Bürgersteig war in gelbes Sonnenlicht getaucht. Ein paar verspielte Hunde wirkten wie Kängurus, die durch eine Wüste hüpften.
Charlotte saß auf dem Bett ihrer Schwester und flickte eine alte Jeans zusammen.

Tschüss, meine beiden!, sagte Vater, als er den Kopf ins Mädchenzimmer steckte.

Paulinchen war als Prinzessin verkleidet.
Spielst du mit mir heute Abend?
Was soll ich denn spielen?, fragte Vater.
Na Prinzessin und König. Du bist der König!

Vater lächelte.
Egal, was der Tag bringen würde. Es gab Wichtigeres. Er hatte eine feste Anstellung bei einer Prinzessin sicher.

Auf Wiedersehen, Kinder!, sagte Vater.
Er lehnte die Tür an, nahm seine Tasche und machte sich auf den neuen alten Weg.

ENDE